브리태니커
창의력 백과 300

✦ 공룡 시대와 동물의 세계 ✦

공룡 시대와 동물의 세계

브리태니커 북스 지음 | 앤드루 페티 엮음 | 김시경 옮김

보랏빛소 어린이
Borabit Cow

Contents

목록의 세계에 오신 걸 환영합니다!   6

Chapter 1 공룡 시대   8
귀여운 아기 공룡과 거대하고 괴상한 고대 동물 등
선사 시대를 누볐던 사라져 버린 생물들

Chapter 2 동물의 세계   56
느리지만 생존력이 막강한 물곰과 놀랍도록 똑똑한 개 등
신비롭고 신기한 오늘날의 동물들

참고 자료   104

폭폭의 세계에 오신 걸 환영합니다!

이 책을 읽으면 생겨나는 멋진 일 5가지

1. **굉장히 많은 걸 알게 될 거예요.** 바다와 육지 양쪽에서 이용 가능한 수륙 양용 자전거부터 역사상 가장 큰 화산 폭발에 이르기까지 별의별 것을 다 알게 될 거예요. 이 책이 여러분을 흥미진진한 모험의 세계로 안내할 테니까요. 초소형 로봇과 함께 사람의 혈액을 타고 헤엄치고, 거대한 노래기를 따라 정글을 누비고, 머리 위에서 갑자기 날아드는 선사 시대의 괴물에 깜짝 놀라고, 밤하늘을 환하게 밝히는 폭발하는 별들을 보며 절로 감탄사를 내뱉게도 될 거예요. 이런 이야기들은 우주만큼이나 광활하고 매혹적이며 신기한 지식의 세계로 여러분의 마음을 활짝 열어 줄 거예요. 그러니 화장실에 가고 싶다면 지금 얼른 다녀오세요!

2. **웃음이 빵빵 터질 거예요.** 이 책을 쓰면서 여러분에게 알려주고 싶은 재미난 이야기가 너무나도 많았답니다. 정해진 지면에 다 담아낼 수 없을 정도로 말이에요. 그래서 훨씬 더 많은 우스운 농담과 에피소드, 이야기를 전달하고자 페이지 하단에 관련된 추가 설명, 즉 각주를 마련했어요. 별(*) 표시를 따라가 보세요.*

3. **이 책에 담긴 모든 내용은 백과사전 전문 출판사인 브리태니커에서 전부 확인을 마친 거예요.** 이 많은 정보가 어디에서 나왔을까요? 모든 내용이 제 머릿속에 있었다면 좋았겠지만 그건 아니에요. 책 끝부분을 펼쳐 보면 이 책을 쓰면서 참고한 책과 논문, 기사 등을 찾아볼 수 있어요. 그리고 아침 식사로 백과사전을 먹는** 전문 조사팀이 더 방대한 내용의 책들과 웹사이트를 활용해 모든 내용이 정확한지 일일이 확인까지 마쳤답니다.

4. **책의 순서와 상관없이 마음대로 아무 데나 펼쳐서 읽으세요!** 책을 펼칠 때마다 해당 주제에 푹 빠져들었으면 좋겠어요. 30초든, 몇 시간이든, 혹은 하루 종일 말이에요.

5. **이 책에는 누구나 관심을 가질 만한 흥미진진한 정보가 많아요. 그런 내용을 가지고 가족과 친구들을 상대로 시험해 보세요.** 여러분은 이미 다 알고 있었던 것처럼 물어봐도 좋고요. 이제 곧 실제로 다 알게 될 테지만 말이에요!

---

* 여기에 각주가 있어요.

** 이건 엄밀히 말하면 사실은 아니에요. 브리태니커 출판사 편집자들이 매일 밥 먹듯 백과사전을 끼고 사는 건 사실이지만, 제일 좋아하는 아침 식사는 달걀과 우유, 버터로 만든 '스크램블드에그'랍니다.

Chapter 1

공룡 시대

귀여운 아기 공룡과 거대하고 괴상한 고대 동물 등
선사 시대를 누볐던 사라져 버린 생물들

여기에서 만나게 될 흥미로운 주제들

- 공룡을 닮은 고대 파충류
- 높이뛰기의 달인, 랍토르
- 공룡들의 필살기
- 선사 시대의 초대형 바다 도마뱀
- 작지만 살벌한 벌레들
- 억울한 '알 도둑' 오비랍토르
- 티라노사우루스 렉스 되살리기
- 아르젠티노사우루스의 알
- 동물 똥 화석
- 끔찍한 이빨 자국
- 가짜 화석들
- 공룡의 멸종에 관한 황당한 가설

잃어버린 세계

공룡이 지구를 지배했던 시기 3*

1. 트라이아스기:

2억 5200만~2억 100만 년 전

2. 쥐라기:

2억 100만~1억 4500만 년 전

3. 백악기:

1억 4500만~6600만 년 전

* 공룡은 2억 5200만 년 전부터 6600만 년 전 사이의 중생대에 살았어요. 중생대는 지질 시대(지구가 형성된 이후부터 역사가 기록되기 전까지의 시기) 중에서 고생대와 신생대 사이에 해당하는 시기를 말해요. 중생대는 다시 트라이아스기, 쥐라기, 백악기로 나뉜답니다.

해당 기간에 살았던 공룡과 다른 생물들을 보여 주는 그림이에요.

공룡 시대 11

공룡들이 나타나기 이전

공룡처럼 생겼지만 사실은 공룡이 아닌 선사 시대의 동물 5

1. 에리옵스
살았던 시기: 2억 9900만~2억 7300만 년 전
화석이 발견된 곳: 오늘날의 미국 남서부와 독일
정체: 육지와 물속 양쪽에서 살았던 커다란 육식 동물
크기: 2미터, 물개의 몸길이에 해당해요.
간략한 설명: 에리옵스는 날카로운 이빨을 가진 사나운 포식자였어요. 이렇게 삐죽빼죽 날카로운 이로는 먹이를 씹기가 불가능했을 거예요. 대신 에리옵스는 강한 턱 안에 물고기를 가둔 다음 고개를 뒤로 젖혀 꿀꺽 삼켰을 것으로 보여요. 오늘날의 악어와 앨리게이터가 먹이를 잡아먹는 방식과 비슷하지요.

2. 디메트로돈
살았던 시기: 2억 8600만~2억 7000만 년 전
화석이 발견된 곳: 오늘날의 유럽과 북아메리카
정체: 네발 달린 육식성 파충류. 등에 돛처럼 생긴 돌기가 솟아 있었어요.
크기: 4.5미터, 몸길이가 말보다 2배 정도 길었어요.
간략한 설명: 고생물학자들은 디메트로돈의 등에 있는 돛처럼 생긴 돌기가 어떤 기능을 했는지 확실히는 알지 못해요. 이에 관한 두 가지 이론이 있어요. 하나는 체온을 조절하는 역할을 했을 거라는 설이고, 또 하나는 다른 동물들에게 어떤 신호를 보내는 수단으로 쓰였을 거라는 거예요. 어쩌면 디메트로돈 무리 사이에서 자신의 힘을 과시하기 위한 용도였을 수도 있고요!

3. 코틸로린쿠스
살았던 시기: 약 2억 7500만 년 전
화석이 발견된 곳: 오늘날의 북아메리카
정체: 네발 달린 초식성 거대 파충류. 강력한 앞다리에는 물갈퀴 같은 것이 달려 있었어요.
크기: 키 1미터 이상에 몸길이 6미터, 오늘날의 초대형 악어의 몸길이에 해당해요.
간략한 설명: 코틸로린쿠스는 마치 도마뱀을 공기 주입기로 한껏 부풀린 것 같은 모습이었어요. 거대한 몸집에 비해 머리는 꽤 작아서 사람 머리 크기만 했어요.

4. 에스템메노수쿠스
살았던 시기: 약 2억 6700만 년 전
화석이 발견된 곳: 오늘날의 러시아
정체: 네발 달린 초식성 파충류. 커다란 두개골에 사슴뿔처럼 생긴 뿔이 돋아 있었어요.
크기: 4미터, 하마의 몸길이에 해당해요.
간략한 설명: '에스템메노수쿠스'는 '왕관을 쓴 악어'라는 뜻이지만, 실제로 그렇게 많이 무섭지는 않았을 거라고 해요. 오히려 덩치 큰 소와 더 닮았던 걸로 보여요.

5. 이노스트란케비아
살았던 시기: 약 2억 6500만~2억 5000만 년 전
화석이 발견된 곳: 오늘날의 러시아
정체: 네발 달린 육식성 파충류. 칼날 같은 2개의 이빨을 가지고 있었어요.
크기: 3.5미터, 오늘날의 앨리게이터와 몸길이는 거의 같지만 몸무게는 2배 더 나갔어요.
간략한 설명: 이노스트란케비아는 무시무시한 포식자였어요. 최대 15센티미터까지 자라는 날카로운 송곳니로 먹이를 물어서 갈가리 찢어 먹었을 거예요.

그들은 살아 있다!

공룡들과 함께 살았으며 지금도 우리 곁에 남아 있는 생물 20

1. **해면** – 6억 5000만 년*
2. **투구게** – 5억 4000만 년
3. **칠성장어** – 5억 2000만 년
4. **해파리** – 5억 년 이상
5. **앵무조개** – 5억 년
6. **전갈** – 4억 3700만 년
7. **상어** – 4억 2000만 년
8. **실러캔스**** – 4억 년
9. **바퀴벌레** – 3억 2000만 년
10. **거북** – 2억 6000만 년
11. **새우** – 2억 5000만 년
12. **바닷가재** – 2억 4200만 년
13. **악어** – 2억 3000만 년
14. **철갑상어** – 2억 년 전
15. **도롱뇽** – 1억 7000만 년
16. **뱀** – 1억 6700만 년
17. **벌** – 1억 3000만 년
18. **개구리** – 1억 3000만 년
19. **개미** – 1억 2000만 년
20. **솔레노돈***** – 7300만 년

---

* 이 목록의 수치는 지금껏 살아온 기간이에요.

** 실러캔스는 6500만 년 전 공룡들과 함께 멸종된 것으로 여겨지던 바닷물고기예요. 1938년에 실러캔스가 발견되면서 여전히 살아 있다는 것이 확인되었지요.

*** 솔레노돈은 쉽게 볼 수 없는 희귀한 동물로, 뾰족뒤쥐를 닮은 포유류예요. 현재 쿠바와 서인도 제도의 히스파니올라섬에서만 찾아볼 수 있답니다.

고대의 정원

오늘날까지 살아남은 선사 시대의 식물과 균류

1. 버섯 – 약 8억 년 전 출현
버섯은 지구상에 등장한 최초의 복잡한 유기체 중 하나예요. 약 4억 년 전에는 버섯의 크기가 어마어마했답니다. 몸통만 해도 높이 7미터에 너비는 1미터에 달했을 거라고 해요. 기린보다도 키가 더 컸던 셈이지요!

2. 양치류 – 약 3억 5900만 년 전 출현
양치류는 공룡과 꽃, 종자보다도 더 일찍 등장했어요. 지금까지 살아남은 개체로는 새깃아재비과의 고사리와 부드러운 양치식물, 박쥐란 등이 있답니다.

3. 속새류 – 약 3억 5000만~3억 6000만 년 전 출현
머나먼 옛날에는 속새류에 속하는 식물들이 꽤 많았지만 지금은 약 20종만 남아 있어요. 속새류는 가느다란 녹색 줄기에 대나무처럼 마디가 있고 그 속은 비어 있어요.

4. 이끼류 – 약 3억 년 전 출현
이끼는 지구상에 생겨난 초창기 식물들 중 하나예요. 오늘날에도 전 세계에 약 1만 2000종의 이끼가 자라고 있어요.

5. 소철류 – 약 2억 8000만 년 전 출현
야자과 식물과 양치류를 닮은 소철류는 고생대 말기인 페름기에 처음 자라나기 시작했어요. 오늘날까지 살아남은 종으로는 소철과 이스턴케이프 자이언트 소철 등이 있답니다.

6. 목련 – 약 1억 4000만 년 전 출현
목련과에 속하는 식물들은 벌이 나타나기 전부터 지구상에 있었어요. 그러면 수분은 어떻게 이루어졌을까요? 아마도 선사 시대의 딱정벌레류가 이 식물들 사이를 오가며 꽃가루를 옮겨 주었을 거예요.

7. 후추 – 약 1억 1000만 년 전 출현
후추는 꽃이 피고 열매를 맺는 덩굴 식물이에요. 이 식물은 벌과 말벌 등 식물들의 수분을 돕는 곤충들과 거의 동시에 등장했어요. 우리가 음식에 뿌려 먹는 후추 알갱이는 이 식물의 열매를 말려서 만든 거예요.

8. 웰위치아 – 약 1억 년 전 출현
오늘날 아프리카 남서부의 나미브 사막에서 찾아볼 수 있는 '웰위치아'라는 식물은 수명이 수백 년, 심지어는 수천 년에 달해요. 웰위치아는 살아 있는 식물들 중에서 잎이 단 2개뿐인 유일한 식물이에요.

9. 메타세쿼이아 – 약 9000만 년 전 출현
아마 티라노사우루스도 이 거대한 나무 아래를 지나다녔을 거예요. 한때 멸종되었다고 알려져 있던 메타세쿼이아는 1940년대에 중국에서 숲이 발견되면서 생존해 있음이 확인되었답니다.

10. 프로테아목 – 약 8000만 년 전 출현
프로테아목은 꽃이 피고 씨를 만들어 번식하는 종자식물들을 말해요. 이들의 최초 조상은 공룡들이 살던 시대에도 존재했답니다. 오늘날에는 오스트레일리아와 남아프리카공화국에서 가장 흔히 볼 수 있어요.

시간이 흐를수록 웰위치아의 두 잎은 갈가리 찢어져요.

육식 공룡 대 초식 공룡

고기를 주식으로 먹었던 공룡은 얼마나 될까요?
식물이나 과일을 더 좋아했던 공룡은 또 얼마나 될까요?

65% – 초식

35% – 육식(잡식*)

* 잡식성 동물은 고기와 식물 둘 다 먹어요. 공룡들 중 일부는 잡식성이었지만, 고생물학자들도 그 수를 정확히 알진 못해요.

풀을 좋아하는 공룡들

초식 공룡이 공통으로 갖고 있는 신체 부위와 특성 9

1. 네발로 걷기: 대부분의 초식 공룡들은 이동할 때 네발을 사용했어요.

2. 음식물을 잘게 부술 수 있는 이빨: 이들은 대체로 소처럼 평평하고 큰 이를 가지고 있었어요. 단단한 식물들을 으깨고 씹기에 알맞은 이빨이지요.

3. 무리 짓기: 많은 초식 공룡이 안전을 위해 무리 지어 살았어요. 함께 이동하고 협동한다면 포식자를 더 쉽게 발견할 수 있을 뿐만 아니라 무리 안의 새끼와 약한 동료를 더 잘 보호할 수 있으니까요.

4. 위장술: 과학자들도 화석 하나만 가지고는 공룡들의 몸이 정확히 무슨 색이었는지 알 수 없어요. 하드로사우루스와 각룡류(뿔이 있는 공룡) 등 일부 초식 공룡들은 위장용으로 몸의 색과 무늬를 바꿨을 가능성이 높아요. 오늘날 뱀 같은 파충류들이 그러듯이 말이에요.

5. 몸을 보호해 주는 신체 기관: 많은 초식 공룡들에게는 두껍고 질긴 피부와 방패막이가 될 만한 단단한 신체 부위가 있었어요. 뿔이나 뾰족한 부위가 달린 공룡도 있었고, 방패처럼 생긴 목주름을 가진 공룡도 있었지요. 백악기 후기의 초식 공룡인 '유오플로케팔루스'는 눈꺼풀에도 방어막이 있었답니다.

6. 무기로 쓰이는 꼬리: 일부 초식 공룡들은 자신을 방어하는 무기로 강력한 꼬리를 이용했어요. 쥐라기 후기에 살았던 초식 공룡인 '켄트로사우루스'의 꼬리는 날카로운 돌기들로 덮여 있었어요. 백악기 후기에 살았던 초식 공룡인 '안킬로사우루스'는 꼬리 끝에 커다란 뼈뭉치가 있어서 곤봉처럼 휘두를 수 있었답니다.

7. 거대한 몸집: 고대의 무서운 포식자들은 오늘날의 동물에 비해 몸집이 컸어요. 그러나 선사 시대의 진정한 거인, 이를테면 아파토사우루스와 아르젠티노사우루스, 수퍼사우루스 등은 모두 초식 공룡이었답니다. 이 공룡들은 덩치가 어마어마해서 초대형 육식 공룡이나 떼로 덤벼들어야 겨우 공격이 가능했을 거예요.

8. 커다란 위: 초식 공룡의 위장은 일반적으로 육식 공룡보다 더 크고 길었어요. 이 공룡들이 즐겨 먹는 풀을 잘게 부수고 영양분을 흡수하려면 시간이 더 많이 필요했기 때문이에요.*

9. 두꺼운 뼈: 초식 공룡의 뼈는 단단하고 속이 꽉 차 있었어요. 덕분에 몸이 강하고 튼튼했지만 움직임은 느릴 수밖에 없었어요. 하지만 이들이 주로 먹는 식물이 어딘가로 도망칠 리는 없으니, 좀 느리게 움직여도 먹이를 확보하는 데는 아무런 문제가 없었을 거예요!

안킬로사우루스

* 일부 초식 공룡들은 돌을 일부러 삼키곤 했던 걸로 보여요. 이 돌들은 '모래주머니'라는 근육질의 기관에 들어가 공룡이 먹은 식물성 물질을 으깨는 일을 도왔어요. 오늘날의 조류와 일부 도마뱀에게도 모래주머니라는 기관이 있답니다.

고기를 좋아하는 공룡들

육식 공룡이 공통으로 갖고 있는 신체 부위와 특성 9

1. 꼿꼿하게 서서 걷기: 모든 육식 공룡은 두 다리로 걸어 다녔어요.

2. 날카로운 이빨: 육식 공룡의 이빨은 스테이크용 나이프처럼 삐죽삐죽했어요. 먹잇감을 공격하고 살을 찢기에 안성맞춤이었지요. 게다가 그런 이빨을 많이 가지고 있기도 했어요. 예를 들어 스피노사우루스에게는 8~25센티미터 길이의 뾰족한 이빨이 64개 정도 있었어요.

3. 떼로 공격하기: 몇몇 고생물학자들에 의하면, 티라노사우루스 같은 육식 공룡들은 떼를 지어 먹잇감을 사냥했을 거라고 해요.*

4. 예민한 감각: 백악기 후기의 육식 공룡인 트루돈 같은 좀 더 진화한 포식자들은 커다란 눈과 쌍안시**를 갖고 있었어요. 덕분에 그들은 특히 밤에 먹잇감을 쉽게 찾아낼 수 있었지요. 그리고 과학자들에 따르면 육식 공룡들은 먹을 수 있는 고기와 상한 고기를 냄새로 아주 잘 가려냈다고 해요.

5. 강한 턱: 티라노사우루스 렉스(티렉스) 같은 덩치 큰 육식 공룡들은 먹이를 물어서 꽉 붙들 수 있는 크고 강력한 턱을 가지고 있었어요.

6. 살상용 발톱: 많은 육식 공룡들은 앞다리에 구부러진 날카로운 발톱을 가지고 있었어요. 이것을 이용해서 먹잇감을 잡아채 죽인 뒤에 그 고기를 찢어 먹곤 했지요.

7. 날씬한 몸: 벨로키랍토르처럼 비교적 작고 날렵한 육식 공룡들은 단거리 달리기에 매우 뛰어났어요. 짧은 거리를 빠른 속도로 달릴 수 있는 능력 덕분에 이들은 도마뱀과 개구리 등의 먹잇감을 쉽게 쫓아가 잡을 수 있었을 거예요.

8. 큰 심장과 폐와 간: 육식 공룡이 먹이를 쫓아가 잡으려면 근력이 필수적이었고, 그러려면 근육에 더 많은 산소를 제공할 수 있는 큰 폐와 심장이 필요했어요. 또한 이들이 주식으로 삼는 고기의 단백질과 지방의 여분을 처리하려면 간도 꽤 커야 했지요.

9. 속이 덜 찬 뼈: 고생물학자들에 따르면, 육식 공룡의 뼈에는 공기가 들어찰 수 있는 공간이 있어서 몸이 한결 가벼웠을 뿐만 아니라 폐로 가는 공기의 흐름도 보다 빨랐을 거라고 해요. 덕분에 육식 공룡들은 달리는 속도를 높여 먹잇감을 쫓아가 쉽게 잡을 수 있었을 거예요.

티라노사우루스 렉스

---

* 이에 대한 증거를 두고 과학자들 사이에서는 의견이 갈린답니다. 거대한 육식 공룡의 무리가 발견된 것은 사실이에요. 그러나 일부 전문가들은 이것이 그 공룡들이 함께 사냥했다는 증거가 아니라, 그들이 홍수에 휩쓸려 한꺼번에 발견된 것일 수도 있다고 주장해요.

** 쌍안시는 인간처럼 동시에 두 눈을 이용해 하나의 물체를 볼 수 있는 것을 말해요. 물체가 얼마나 멀리 떨어져 있는지 가늠하는 데 도움이 되지요.

최상위 포식자들

치명적인 공룡들의 필살기 7

1. 스피노사우루스
필살기(핵심 공격 기술): 어마어마한 덩치. 스피노사우루스는 5층짜리 건물에 맞먹는 크기였어요.

2. 티라노사우루스 렉스
필살기: 공룡 중 가장 강력한 턱. 이 공룡의 무는 힘은 인간보다 약 49배 더 강력했어요.

3. 유타랍토르
필살기: 민첩성. 유타랍토르는 공중으로 5미터나 뛰어오를 수 있었어요.

4. 카르카로돈토사우루스
필살기: 커다란 턱. 이 공룡은 사람을 한입에 꿀꺽 삼킬 수 있을 만큼 큰 턱을 가지고 있었어요.

5. 벨로키랍토르
필살기: 날카로운 발톱. 벨로키랍토르는 발에 달린 크고 휘어진 발톱으로 먹잇감을 매섭게 공격했어요.

6. 마푸사우루스
필살기: 마푸사우루스는 덩치가 제일 큰 육식 공룡이었을 뿐만 아니라 티라노사우루스 렉스보다 더 날카로운 이빨을 가지고 있었어요. 이 공룡의 이빨은 끝이 뾰족하고 휘어져 있어서 먹잇감의 살을 찢기에 제격이었답니다.

7. 코엘로피시스
필살기: 속도. 코엘로피시스는 최대 시속 48킬로미터의 속도로 달릴 수 있는 빠르고 날렵한 사냥꾼이었어요. 이 공룡이 떼로 달려들어 자기보다 몸집이 큰 먹이를 사냥했다는 증거도 있어요.

바닷속 깊숙한 곳

선사 시대의 초대형 해양 생물

샤스타사우루스 – 21미터
샤스타사우루스는 거대한 돌고래처럼 생긴 어룡이에요. 눈이 크고 이빨이 없는 것으로 보아 깊고 어두운 바닷속에서 오징어를 잡아먹고 살았을 거예요. 이 어룡은 지금껏 존재했던 해양 파충류 중에서 최대 크기를 자랑한답니다.

메갈로돈 – 20미터
과학자들은 다 자란 메갈로돈의 몸무게가 60톤에 달했을 거라고 추정해요. 그렇다면 오늘날의 커다란 백상아리보다 30배 이상 더 무거웠던 거예요. 메갈로돈에게는 250개가 넘는 이빨이 있었고, 그중 일부는 길이가 17센티미터나 되었다고 해요.

모사사우루스 – 17미터
모사사우루스는 고대의 가장 큰 바다 도마뱀 중 하나였어요. 이 거대한 파충류가 거북 껍질과 암모나이트에 남겨 놓은 원뿔 모양의 이빨 자국이 발견된 적도 있답니다. 모사사우루스는 공룡과 같은 시기에 멸종되었어요.

엘라스모사우루스 – 14미터
공룡이 육지를 활보하는 동안 수장룡은 바닷속을 휘젓고 다녔고, 엘라스모사우루스는 이런 수장룡 중 하나였어요. 목의 길이가 7미터에 달했고, 경추(척추뼈 가운데 제일 위쪽 목에 있는 뼈로, 사람에게는 7개의 경추가 있어요)만 해도 무려 76개나 되었다고 해요. 알려진 동물들 중에서 경추의 개수가 가장 많답니다.

플리오사우루스 – 13미터
'플리오사우루스 푼케이'라는 공식 명칭이 정해지기 전까지 이 해양 파충류는 '프레데터(포식자) X'라고 알려져 있었어요. 추정 몸무게가 45톤에 달해 코끼리 6마리와 맞먹는 수준이었답니다.

템노돈토사우루스 – 12미터
이 어룡은 돌고래를 닮은 생김새에 원뿔 모양의 날카로운 이빨을 가지고 있었어요. 눈의 지름은 20센티미터로, 큰 접시만 했답니다!

데이노수쿠스 – 10미터
선사 시대의 대형 앨리게이터였던 데이노수쿠스는 지금의 앨리게이터보다 몸길이가 약 2배 더 길었어요. 이들은 몸집이 비슷한 공룡들을 공격했던 것으로 보여요. 티라노사우루스의 화석 중 일부에서 데이노수쿠스에게 물린 자국이 발견되었거든요.

둔클레오스테우스 – 9미터
'바다의 티라노사우루스'라고도 불리는 둔클레오스테우스는 딱딱한 껍질로 덮여 있었고 범고래 정도의 크기였어요. 콘크리트도 부술 수 있을 만큼 무는 힘이 매우 강력했다고 해요.

리드시크티스 – 9미터
리드시크티스는 지금껏 살았던 어류들 중 가장 큰 경골어류(뼈가 굳고 단단한 물고기)라고 여겨져요. 거대한 몸집에도 불구하고 리드시크티스는 새우와 같은 작은 해양 동물들만 먹었답니다.

오프탈모사우루스 – 5미터
오프탈모사우루스라는 어룡은 선사 시대 동물 중에서 몸 크기 대비 가장 큰 눈을 가지고 있었어요. 눈이 자몽만 했고 두개골의 대부분을 차지했답니다.

노토사우루스 – 4미터
해양 파충류의 일종인 노토사우루스는 육지에서도 살았지만 바닷속을 헤엄쳐 물고기를 잡아먹기도 했어요. 오늘날의 물개와 바다사자처럼 말이에요. 노토사우루스에게는 바늘처럼 생긴 긴 이빨이 있었는데, 이것이 위아래로 닫히는 구조였어요. 그래서 마치 동물 우리처럼 먹이를 그 안에 가둘 수 있었답니다.

물보라를 일으켜 봐!

헤엄을 칠 수 있었던 공룡 총집합

1. 스피노사우루스[*] – 이게 전부예요.

---

* 스피노사우루스는 육지와 물속 양쪽에서 살았던 것으로
여겨져요. 발에 달린 물갈퀴에 근거해, 과학자들은
이 공룡이 헤엄을 칠 수 있었다고 생각한답니다.
선사 시대의 바다에는 커다란 해양 동물들이 많이 살고
있었는데, 그들 대부분은 공룡이 아니라 파충류였어요.

공룡계의 거인들

육지를 활보했던 초대형 공룡 10

1. 아르젠티노사우루스*
몸무게: 90톤
몸길이: 40미터
고양이 2만 마리에 해당하는 무게예요.

2. 마멘키사우루스
몸무게: 80톤
몸길이: 33미터
고양이 1만 7777마리에 해당하는 무게예요.

3. 브라키오사우루스
몸무게: 80톤
몸길이: 25미터
고양이 1만 7777마리에 해당하는 무게예요.

4. 파랄리티탄
몸무게: 75톤
몸길이: 30미터
고양이 1만 6666마리에 해당하는 무게예요.

5. 파타고티탄
몸무게: 70톤
몸길이: 37미터
고양이 1만 5555마리에 해당하는 무게예요.

6. 사우로포세이돈**
몸무게: 60톤
몸길이: 34미터
고양이 1만 3333마리에 해당하는 무게예요.

7. 드레드노투스
몸무게: 59톤
몸길이: 26미터
고양이 1만 3111마리에 해당하는 무게예요.

8. 투리아사우루스
몸무게: 48톤
몸길이: 30미터
고양이 1만 666마리에 해당하는 무게예요.

9. 아파토사우루스
몸무게: 41톤
몸길이: 23미터
고양이 9111마리에 해당하는 무게예요.

10. 수퍼사우루스
몸무게: 32톤
몸길이: 34미터
고양이 7111마리에 해당하는 무게예요.

브라키오사우루스

---

* 아르젠티노사우루스는 역대 육지 동물 중 최대 몸무게를 자랑해요. 그러나 지금까지 지구상에서 제일 무거운 동물은 대왕고래(흰수염고래라고도 불러요)예요. 대왕고래는 180톤으로, 고양이 4만 마리의 무게와 맞먹는답니다.

** 사우로포세이돈은 공룡들 중에서 키가 제일 컸어요. 목이 굉장히 길어서, 바닥부터 머리끝까지의 높이가 18미터에 달했거든요. 코끼리 4마리를 연이어 수직으로 세워 놓은 것보다 이 공룡의 키가 더 컸답니다.

작지만 끗발 있는 고대 동물들

작은 크기로 유명한 선사 시대 동물 5

1. 콩고나폰

살았던 시기: 2억 3700만 년 전

크기: 최근 화석으로 발견된 콩고나폰 켈리('작은 벌레 사냥꾼'이라는 뜻)라는 종은 키가 겨우 10센티미터에 불과했어요. 오늘날의 참새 정도 크기로, 여러분의 손바닥에도 쉽게 올라앉을 수 있었을 거예요.

유명해진 이유: 콩고나폰은 공룡과 익룡의 공통 조상이라고 알려져 있어요. 이들이 수백만 년에 걸쳐 진화해 몸집이 훨씬 큰 공룡과 익룡이 되었다고 해요.

2. 네미콜로프테루스

살았던 시기: 1억 1300만 년 전

크기: 날아다니는 이 작은 파충류는 날개 길이가 25센티미터였어요. 나이팅게일이라는 작은 새의 날개 길이와 거의 같아요.

유명해진 이유: 알려진 익룡 중에서 가장 작아요.

3. 파르비쿠르소르

살았던 시기: 7200만 년 전

크기: 파르비쿠르소르는 '작은 질주자'라는 뜻이에요. 이 자그마한 공룡은 코끝부터 꼬리까지 약 39센티미터였어요. 몸무게는 약 160그램으로, 햄스터보다 약간 더 무거웠고요.

유명해진 이유: 파르비쿠르소르는 조류에 속하지 않는 공룡(비조류 공룡)* 중에서 가장 작았어요.

4. 미크로랍토르

살았던 시기: 1억 1300만 년 전

크기: 새처럼 생긴 이 작은 공룡은 몸길이 50센티미터에 무게는 1킬로그램이 채 되지 않았고, 작은 도마뱀과 물고기를 주식으로 삼았던 것으로 보여요. 미크로랍토르는 몸집은 꽤 작았지만, 무시무시한 공룡으로 알려진 벨로키랍토르와 다른 육식 공룡들의 친척뻘이랍니다.

유명해진 이유: 사납기로 유명한 랍토르들 중에서 크기가 제일 작았다고 알려져 있어요.

5. 마기아로사우루스

살았던 시기: 7200만 년 전

크기: 마기아로사우루스는 몸길이 6미터에 몸무게 750킬로그램으로, 오늘날의 황소 정도 크기였어요. 공룡의 몸으로는 적당한 크기라고 할 수 있지만, 디플로도쿠스와 아파토사우루스 같은 대체로 몸집이 거대한 용각류(목이 길고 몸집이 큰 공룡들) 치고는 매우 작은 편이었어요. 마기아로사우루스는 현재 루마니아에 해당하는 육지에서 떨어져 나간 섬에서 다른 공룡들로부터 진화한 '섬의 난쟁이' 중 하나였어요.

유명해진 이유: 용각류 중에서 가장 작아요.

* 비조류 공룡이란 새를 제외한 모든 공룡을 말해요.

외계에서 온 것 같은 동물들

기이하고 신비로운 모습의 선사 시대 동물 8

1. 헬리코프리온
살았던 시기: 2억 9000만 년 전
상어를 닮은 이 해양 생물은 특히 주둥이 부분의 생김새가 특이했어요. 턱이 마치 동그란 톱 같은 모양이었거든요. 이는 이빨이 나는 방식이 독특했기 때문인데, 새로운 이빨이 자라면서 기존의 이빨을 앞으로 밀어내는 식이었답니다. 더 많은 이빨이 자라 입속을 채우면서 턱이 바깥쪽으로 계속 커졌던 거예요.

2. 롱기스쿠아마
살았던 시기: 2억 3500만 년 전
이 잡식성 동물은 등에 깃털처럼 생긴 6~8개의 긴 가시가 돋아 있었고, 크기는 대략 기니피그 정도였어요.

3. 샤로빕테릭스
살았던 시기: 2억 2500만 년 전
샤로빕테릭스는 도마뱀처럼 생긴 날아다니는 파충류예요. 날개가 앞다리 쪽에 달린 여느 날짐승들과 달리 샤로빕테릭스는 희한하게도 날개가 뒷다리에 있었어요. 이 파충류가 어떻게 걸어 다녔는지에 대해서는 과학자들도 전혀 몰라요.

4. 페고마스탁스
살았던 시기: 2억 년 전
페고마스탁스는 작은 초식 공룡이에요. 주둥이가 뾰족하고 몸은 가시로 덮여 있어서 마치 앵무새와 고슴도치를 합쳐 놓은 듯한 모습이었답니다.

5. 인시시보사우루스
살았던 시기: 1억 2600만 년 전
몸길이 1미터 정도의 이 잡식성 공룡은 여러 동물을 합쳐 놓은 듯한 생김새였어요. 랍토르의 머리에, 쥐처럼 커다란 앞니, 타조 같은 몸에, 닭의 발을 가지고 있었답니다.

6. 콘카베나토르
살았던 시기: 1억 2500만 년 전
몸길이 5미터 정도의 이 육식 공룡은 2가지 독특한 특징이 있었어요. 앞다리에 뾰족한 깃털이 돋아나 있었고, 등 가운데는 커다란 삼각형 모양의 혹이 있었답니다.

7. 수저우사우루스
살았던 시기: 약 1억 1500만 년 전
수저우사우루스는 몸길이가 6미터에 긴 팔과 날카로운 턱을 가지고 있었고, 몸 전체가 깃털로 뒤덮여 있었어요. 마치 거대한 칠면조와 나무늘보를 합쳐 놓은 것처럼 생겼는데, 어쩌면 실제로 이들의 먼 친척일 수도 있어요.

8. 니제르사우루스
살았던 시기: 1억 500만 년 전
이 초식 공룡은 턱 앞쪽에 500개의 이빨이 2줄로 나란히 나 있어서, 입 부분이 마치 진공청소기의 넓적한 공기 흡입구 같은 모습이었답니다.

믿을 수 없어!

거짓으로 밝혀진 공룡에 대한 이야기 8

1. 모든 공룡은 피부가 비늘로 덮여 있었다?
현재 과학자들은 티라노사우루스 렉스를 비롯해 많은 육식 공룡의 몸 일부가 비늘이 아닌 깃털로 덮여 있었을 거라고 생각해요.

2. 티라노사우루스 렉스(티렉스)는 달리는 속도가 빨랐다?
19세기까지만 해도 과학자들은 티렉스가 짧은 거리를 굉장히 빨리 뛰었다고 생각했어요. 하지만 20세기 들어 이 생각이 바뀌었어요. 커다란 몸집 때문에 어슬렁거리며 느릿느릿 움직였을 거라고 말이에요. 현재 추정으로는, 티렉스의 최고 속도가 시간당 약 29킬로미터로 공룡들 가운데 중간쯤에 해당했던 것으로 보여요. 인간이 전속력으로 달린다면 티렉스보다 약간 더 빨랐을 거라는 말이지요.

3. 공룡이 냉혈 동물이었다?
최근 연구에 의하면 공룡은 도마뱀과 뱀 같은 냉혈 동물도 아니었고(처음에는 냉혈 동물이라고 생각했어요) 포유류 같은 온혈 동물도 아니었어요. 그 중간쯤에 해당하는 '중온 동물*'이었던 걸로 보여요. 이에 대해서는 여전히 의견이 분분하답니다.

4. 디플로도쿠스가 늪지대에 살았다?
몇몇 과학자들은 디플로도쿠스 같은 초대형 초식 공룡들이 습지와 호수에 살았을 거라고 생각했어요. 어마어마한 몸집과 기다란 꼬리 때문에 육지에서는 이동하기 쉽지 않았을 거라고 여겼거든요. 이제 우리는 디플로도쿠스가 확실히 육지에서 살았다는 것을 잘 알고 있지요.

5. 스테고사우루스의 뇌는 몸의 뒷부분에 있었다?
1877년 스테고사우루스의 뼈가 처음 발견되었을 때 과학자들은 어마어마한 덩치에 비해 뇌가 너무 작다는 점에 크게 놀랐어요. 이에 오스니엘 C. 마쉬라는 고생물학자는 스테고사우루스의 골반에 제2의 뇌가 있어서 몸의 뒷부분을 제어했을 거라고 주장했어요. 이것은 흥미로운 주장이긴 했지만 완전히 잘못된 것이었어요.

6. 익룡과 공룡이 같은 종이다?
익룡은 티라노사우루스 렉스 같은 유명한 공룡들의 머리 위에서 선사 시대의 하늘을 휘젓고 다녔고, 다른 생물 집단보다 공룡과 더 밀접한 관련이 있어요. 하지만 익룡은 날아다니는 파충류로 공룡과는 다른 종이에요.

7. 오비랍토르가 다른 공룡들의 알을 훔쳤다?
'오비랍토르'는 '알 도둑'이라는 뜻이에요. 이 공룡 화석이 처음 발견될 당시 그 근처에 공룡 알이 있었는데, 과학자들은 이 알들이 '프로토케라톱스'의 것이라고 생각했어요. 그래서 '알 도둑'이라는 뜻의 이름이 붙게 되었지요. 그런데 몇 년 뒤 과학자들은 자신들의 생각이 틀렸음을 깨달았어요. 알고 보니 그 공룡 알들은 오비랍토르의 알이었거든요. 어미 오비랍토르가 자기 알을 보호하고 있었던 것이지요.

8. 공룡의 수명이 100년이다?
한동안 과학자들은 공룡이 냉혈 동물이라고 생각했기 때문에** 초대형 공룡이 완전히 다 성장해서 일생을 마치는 데는 100년 이상이 걸렸을 거라고 생각했어요. 오늘날 과학자들은 공룡들의 성장 속도가 꽤 빨랐을 뿐만 아니라 50년 이상 살았던 공룡도 그리 많지는 않았을 거라고 여긴답니다.

---

* '냉혈' 동물은 체온 조절 능력이 없어요. '온혈' 동물은 몸에서 자체적으로 열을 낼 수 있어서 체온을 늘 일정하게 유지할 수 있지요. '중온' 동물은 몸에서 열을 내 몸을 따뜻하게 할 수 있지만, 체온을 제대로 조절하지는 못해요.

** 파충류 같은 냉혈 동물은 온혈 동물보다 더 느리게 성장하는 경향이 있어요. 중온 동물은 자라는 속도가 그 중간인 경향을 보이고요.

오비랍토르는 화석이 처음 발견될 당시
프로토케라톱스의 알을 사정없이 먹어 치우는
사나운 이미지로 알려져 있었어요.

나중에 그 알들이 사실은 오비랍토르 자신의 알이었다는 사실이
밝혀졌어요. 오비랍토르는 다른 공룡의 알을 훔친 것이 아니라
자기가 낳은 알을 보호하고 있었던 거예요.

길이길이 남은 이빨

선사 시대 동물들의 초대형 이빨* 9

1. 티라노사우루스 렉스 – 30센티미터

2. 마푸사우루스 – 22센티미터

3. 카르카로돈토사우루스 – 20센티미터

4. 리트로낙스 – 19센티미터

5. 카마라사우루스 – 19센티미터

6. 메갈로돈 – 19센티미터

7. 플리오사우루스 푼케이 – 17센티미터

8. 스피노사우루스 – 13센티미터

9. 브라키오사우루스 – 8센티미터

이것은 스피노사우루스의
이빨이에요. 실제 크기랍니다.

---

* 육식 공룡들은 평생에 걸쳐 이빨이 빠지고 새로 나는 이갈이를 했어요.
그중 일부는 몇 달에 한 번씩 이빨이 새로 교체되기도 했답니다.
(수백만 년 뒤에야 치과 의사가 처음 등장했으니, 이런 식의 이갈이는 참 유익했을 거예요.)

한입 크기

고대와 현대 동물 20종의 무는 힘

1. 메갈로돈 – 18만 뉴턴

2. 플리오사우루스 – 15만 뉴턴

3. 데이노수쿠스 – 10만 뉴턴

4. 티라노사우루스 렉스 – 5만 7000뉴턴

5. 백상아리 – 1만 7500뉴턴

6. 바다악어 – 1만 6000뉴턴

7. 미국악어 – 1만 3000뉴턴

8. 카르카로돈토사우루스 – 1만 2000뉴턴

9. 하마 – 8000뉴턴

10. 재규어 – 6000뉴턴

11. 북극곰 – 5300뉴턴

12. 둔클레오스테우스 – 5000뉴턴

13. 하이에나 – 4500뉴턴

14. 사자 – 4500뉴턴

15. 호랑이 – 4500뉴턴

16. 고릴라 – 4000뉴턴

17. 벨로키랍토르 – 3000뉴턴

18. 알로사우루스 – 2200뉴턴

19. 마스티프(개의 한 품종) – 2000뉴턴

20. 피라냐 – 320뉴턴

메갈로돈

폭군 도마뱀*

숫자로 알아보는 티라노사우루스 렉스(티렉스)

7000만: 티라노사우루스 렉스는 7000만 년 전 지구상에 처음 등장했다고 알려져 있어요.

7000: 다 자란 티렉스의 몸무게는 7000킬로그램이었어요. 아프리카코끼리와 몸무게가 거의 같아요.

1900: 티렉스의 화석은 1900년에 미국 몬태나주 헬크릭 바위층에서 처음 발견되었어요.

380: 티렉스의 완전한 골격은 380개의 뼈로 이루어져 있어요.

225: 티렉스는 한입에 225킬로그램의 고기를 삼킬 수 있었어요. 햄버거 1만 5000개를 한입에 꿀꺽 삼켰던 셈이에요.

180: 티렉스는 앞발로 180킬로그램 정도의 무게를 들 수 있었던 것으로 추정돼요. 양손에 한 사람씩 너끈히 들 수 있을 정도로 힘이 셌을 거예요.

83: 지금껏 발견된 티렉스의 발자국 중 제일 긴 것은 83센티미터예요.

60: 티렉스에게는 대략 60개의 이빨이 있었어요.

50: 지금까지 약 50개의 티렉스 화석 뼈대가 발견되었어요.

44: 티렉스의 똥 길이는 대략 44센티미터일 거라고 추정돼요.

30: 티렉스의 수명은 약 30년이었을 것으로 보여요.

30: 2년 된 티렉스의 몸무게는 30킬로그램쯤이었을 거예요.

29: 티렉스의 최고 속도는 시속 29킬로미터였어요.

13: 커다란 티렉스의 몸길이는 13미터였어요. 대형 트럭과 길이가 거의 같아요.

4: 티렉스의 키는 4미터였어요. 아프리카코끼리와 거의 같아요.

1.5: 티렉스의 가장 큰 두개골 길이는 1.5미터예요.

0: 지금까지 티렉스의 알이나 둥지는 단 하나도 발견된 적이 없어요.**

---

* 라틴어 '티라노사우루스 렉스'는 우리말로 '폭군 도마뱀'이라는 뜻이에요.
** 티렉스와 비슷한 종의 공룡 및 다른 동물들과 비교해 보면, 막 부화된 티렉스의 새끼는 칠면조 정도의 크기였던 것 같아요. 그리고 보온을 위해 몸에 보송한 깃털이 나 있었을 것으로 보여요.

티렉스와 친구들

티라노사우루스 렉스와 만났을 수도 있는 공룡 10

티렉스는 7000만 년에서 6600만 년 전 사이의 백악기에 살았어요. 티렉스와 마주쳤을 수도 있는 공룡 친구들*을 정리해 볼게요.

1. 파키케팔로사우루스
2. 에드몬토사우루스
3. 트루돈
4. 안킬로사우루스
5. 오르니토미무스
6. 살타사우루스
7. 트리케라톱스
8. 렙토케라톱스
9. 아케로랍토르
10. 다코타랍토르

티렉스를 만났을 리 없는 공룡들

티라노사우루스 렉스와 마주칠 일이 없었던 공룡 10

티렉스가 등장하기 전에 모조리 사라져 버린 공룡들을 정리해 볼게요.

1. 알로사우루스
2. 아르카이오프테릭스 (시조새)
3. 아파토사우루스
4. 브라키오사우루스
5. 디플로도쿠스
6. 코엘로피시스
7. 스테고사우루스
8. 이구아노돈
9. 스피노사우루스
10. 콤프소그나투스

티라노사우루스 렉스

렙토케라톱스

* 사실 친구였다기보다 잡아먹혔을 가능성이 더 높기는 해요.

티렉스 되살리기

티라노사우루스 렉스를 복원하기 위해 과학자들이 필요로 하는 것 5

1. 티렉스의 화석이나 혈액 확보
동물을 복제하려면 세포 속에 들어 있는 DNA, 즉 유전자 암호가 있어야 해요. 공룡의 DNA를 확보하기에 딱 좋은 것이 공룡의 혈액이나 부드러운 조직(연조직)인데, 이런 것들은 공룡 화석이나 고대의 흡혈 곤충 몸속 또는 얼어붙은 토양인 동토층 안에 보존되어 있을 확률이 높아요.

2. DNA 추출
티렉스의 혈액이나 조직 세포를 찾아냈다면, 다음으로 그 안에 있는 완전한 DNA 샘플을 추출해야 해요. 이는 매우 어려운 일인데, 그 이유는 DNA가 쉽게 손상될 뿐만 아니라 시간이 지나면 망가지기 때문이에요. 과학자들이 티렉스의 온전한 DNA를 발견했다고 해도 그것을 완벽히 추출하려면 굉장히 조심스럽게 작업을 해야만 할 거예요.*

3. 티렉스의 알을 낳아 줄 동물 찾기
다음으로 해결해야 할 과제는 티렉스를 낳아 줄 동물을 선별하는 작업이에요. 어쩌면 공룡과 조상이 겹치는 악어를 택할 수도 있겠지요. 하지만 티렉스의 알을 낳기에 가장 적합한 동물은 새일 거예요. 오늘날의 새들은 공룡의 직접적인 후손이거든요. 그리고 공룡의 커다란 알을 낳아야 할 테니 기왕이면 타조처럼 덩치 큰 새가 더 적합할 테고요.

4. 살 수 있는 환경 마련
과학자들이 티렉스를 성공적으로 복제했다고 해도, 오늘날의 환경에서 살아남을 수 있을지는 알 수 없어요. 먹잇감부터 공기 중 산소량에 이르기까지 모든 것이 백악기 때와는 다를 테니까요. 따라서 선사 시대와 비슷한 먹잇감을 비롯해 티렉스가 생활할 만한 특별한 여건을 조성해 줘야 할 거예요.

5. 추가 복제
복제된 티렉스가 다행히 이 세상에 적응해 잘 살게 되었다면, 이제는 함께 생활할 티렉스들을 더 만들어 내고 싶어질 거예요. 일부 과학자들에 따르면, 어떤 종이 건강하게 개체 수를 유지하기 위해서는 적어도 5000마리가 있어야 한다고 해요. 따라서 과학자들의 다음 도전 과제는 5000마리의 복제된 티렉스를 어떻게 먹여 살릴지 연구하는 일이 될 거예요.

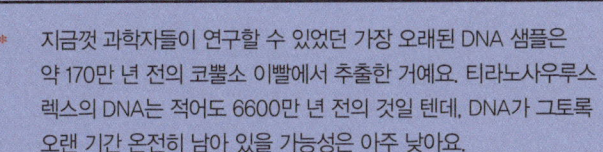

---

* 지금껏 과학자들이 연구할 수 있었던 가장 오래된 DNA 샘플은 약 170만 년 전의 코뿔소 이빨에서 추출한 거예요. 티라노사우루스 렉스의 DNA는 적어도 6600만 년 전의 것일 텐데, DNA가 그토록 오랜 기간 온전히 남아 있을 가능성은 아주 낮아요.

날쌘돌이와 느림뱅이

가장 빠른 – 그리고 가장 느린 – 육지 공룡들

공룡의 크기와 몸무게, 근력, 화석에 남은 발자국 등을 종합해 보면 뛸 때 어느 정도의 속도를 낼 수 있었을지 추정할 수 있어요. 과학자들이 분석한 공룡의 뛰는 속도를 빠른 순으로 살펴볼게요.*

콤프소그나투스 – 시속 64킬로미터

칼리미무스 – 시속 50킬로미터

벨로키랍토르 – 시속 40킬로미터

알로사우루스 – 시속 34킬로미터

티라노사우루스 렉스 – 시속 29킬로미터

트리케라톱스 – 시속 26킬로미터

디플로도쿠스 – 시속 24킬로미터

브라키오사우루스 – 시속 10킬로미터

안킬로사우루스 – 시속 9.7킬로미터

유오플로케팔루스 – 시속 8킬로미터

스테고사우루스 – 시속 6킬로미터

아르젠티노사우루스 – 시속 5킬로미터

스테고사우루스

콤프소그나투스

---

* 단거리 달리기 선수인 우사인 볼트의 최고 기록은 시속 약 44킬로미터예요. 보통 사람이 걷는 속도는 시속 약 3~4킬로미터 정도이니, 아르젠티노사우루스가 오늘날 살아 있었다면 우리가 걷는 것과 비슷한 속도로 주변을 어슬렁거렸을 거예요.

고대의 하늘을 누빈 익룡과 공룡

오늘날의 조류와 비교해 익룡과 공룡의 날개 길이는 얼마나 될까요?

케찰코아틀루스*(익룡) – 11미터
오늘날의 새들 중에서 최대 날개폭을 자랑하는 알바트로스의 날개보다 3배 더 길어요.

프테라노돈(익룡) – 6.25미터
야생 백조의 일종인 '울음고니'의 날개보다 2배 더 길어요.

람포린쿠스(익룡) – 1.8미터
검은대머리수리와 같아요.

디모르포돈(익룡) – 1.5미터
물수리와 같아요.

에우디모르포돈(익룡) – 1미터
송골매와 같아요.

프테로닥틸루스(익룡) – 1미터
올빼미와 같아요.

아르카이오프테릭스(공룡) – 50센티미터
비둘기와 같아요.

이크티오르니스(공룡) – 40센티미터
유럽칼새와 같아요.

네미콜로프테루스(공룡) – 25센티미터
울새(나그네새)와 같아요.

오쿨루덴타비스(공룡)** – 5센티미터
현재 가장 작은 새로 알려져 있는 꼬마벌새의 날개폭보다 짧아요.

비둘기

아르카이오프테릭스

---

* 케찰코아틀루스는 지금껏 살았던 날아다니는 동물들 중 가장 크다고 알려져 있어요.

** 오쿨루덴타비스는 화석이 처음 발견될 당시 공룡으로 분류되었지만, 최근 '도마뱀'이었을 수 있다는 주장이 제기되면서 학계에서 의견이 갈리고 있어요.

날아오를 준비 완료!

숫자로 알아보는 케찰코아틀루스

7000만: 케찰코아틀루스는 7000만 년 전 지구상에 처음 등장했다고 알려져 있어요.

1만 9000: 몇몇 과학자들의 추정에 의하면, 케찰코아틀루스는 도중에 멈추지 않고 최대 1만 9000킬로미터를 날 수 있었다고 해요. 지구를 거의 반 바퀴나 돌았던 셈이에요.

4600: 케찰코아틀루스는 최대 4600미터 높이까지 날 수 있었다고 해요.*

1971: 케찰코아틀루스의 화석은 1971년 미국 텍사스주에서 처음 발견되었답니다.

240: 케찰코아틀루스의 몸무게는 약 240킬로그램이었어요. 이는 자이언트판다 2마리와 맞먹는 무게로, 오늘날의 초대형 새들보다 20배 더 무거웠던 거예요.

128: 케찰코아틀루스는 최대 시속 128킬로미터로 날았을 것으로 추정돼요.

8: 케찰코아틀루스의 부리부터 꼬리까지 몸길이는 8미터였어요. 부리 부분만 해도 사람보다 더 길었고, 땅에 내려앉아 있을 때는 기린의 키만 했어요.

---

* 케찰코아틀루스가 바닥에서 거대한 날개를 펄럭여 날아올랐는지 아니면 절벽 위나 다른 높은 곳에서 공중으로 활공을 시작했는지는 과학자들도 확실히 알지 못해요.

이제 날아 볼까?

공룡 깃털의 진화 4단계

1. 속이 빈 섬유
공룡의 깃털은 애초에 날기 위한 용도가 아니었어요. 체온을 유지하는 데 이용되기도 했고, 어떤 신호를 보내거나 자신의 힘을 과시하기 위한 용도로 쓰이기도 했지요. 공룡의 초기 깃털은 속이 비어 있는 섬유 조직으로, 새의 깃털보다는 두꺼운 털에 더 가까웠답니다.

2. 섬유 다발
이 초기 깃털은 차츰 진화해, 깃털 맨 밑에 여러 섬유 가닥이 한데 달라붙은 복잡한 형태를 갖추게 되었어요.

3. 깃털 축
다음으로는 깃털 한중간을 따라 길에 이어지는 '깃털 축' 또는 '중심 뼈대'가 발달했어요. 중앙을 가로지르는 이 깃털 축 양쪽으로 잔털이 잔뜩 나 있는 모습이었지요.

4. 날아오를 준비
시간이 흐르면서 깃털은 날아다니기에 더 좋은 형태로 진화했어요. 예를 들어 충분히 진화된 공룡과 새의 깃털은 깃털 축이 중앙이 아니라 한쪽으로 치우쳐 있었어요. 이런 새로운 형태의 깃털은 이들이 더 높이 날 수 있도록 해 주었답니다.

1단계

2단계

3단계

4단계

엄청나군!

공룡 알을 기준으로 완전히 성장한 공룡은 얼마나 컸을까요?

대부분의 동물은 새끼에서 다 자란 성체가 되기까지 여러 발달 단계를 거쳐요. 예를 들어 사람의 경우, 성인이 되면 갓난아기 때보다 키가 약 3~4배 더 커지지요. 몇몇 아기 공룡들은 성장 속도가 사람보다 훨씬 더 빨랐고,* 다 자라고 나면 알에 있을 때보다 몸집이 몇 배나 더 커졌답니다.

| 완전히 성장한 아르젠티노사우루스

---

* 공룡 화석의 뼛속에는 나무의 나이테와 비슷한 '성장 고리'가 있어요. 이 고리의 개수를 통해 공룡이 사망한 시점의 나이를 추정할 수 있답니다. 또한 고리 사이의 거리를 측정해 그 공룡의 성장 속도도 추측할 수 있지요. 고리 사이의 거리가 멀수록 더 빠르게 성장했다는 뜻이에요.

1. 아르젠티노사우루스: 새끼가 들어 있던 알보다 200배 더 커져요.
알: 길이 20센티미터**
다 자랐을 때 크기: 몸길이 40미터

2. 티타노사우루스: 93배
알: 길이 20센티미터
다 자랐을 때 크기: 몸길이 18.5미터

3. 아파토사우루스: 75배
알: 길이 30센티미터***
다 자랐을 때 크기: 몸길이 23미터

4. 마이아사우라: 60배
알: 길이 15센티미터
다 자랐을 때 크기: 몸길이 9미터

5. 힙셀로사우루스: 27배
알: 길이 30센티미터
다 자랐을 때 크기: 몸길이 8미터

6. 트루돈: 16배
알: 길이 15센티미터
다 자랐을 때 크기: 몸길이 2.5미터

7. 프로토케라톱스: 9배
알: 길이 12.5센티미터
다 자랐을 때 크기: 몸길이 1.8미터

8. 오비랍토르: 8배
알: 길이 15센티미터
다 자랐을 때 크기: 몸길이 1.8미터

아르젠티노사우루스 알

아르젠티노사우루스는 여태껏 존재했던 육지 동물들 중 크기가 가장 컸다고 알려져 있어요.

* * 아르젠티노사우루스의 알은 타조 알과 크기가 거의 같았어요. 오늘날의 모든 새들 중에서 타조는 가장 큰 알을 낳아요.
* * * 아파토사우루스의 새끼는 다 자라서 90톤이 될 때까지 몸무게가 매일 14킬로그램 넘게 불어났을 거예요. 오늘날 고래의 성장 속도와 비슷하지요.

생물이 화석이 되기까지

화석*이 형성되는 주요 과정 8

1. 광물화 작용
바위나 진흙, 모래로 이루어진 곳에 죽은 유기체가 묻히면, 그 세포 속으로 광물이 서서히 침투해 빈 공간을 메우는 경우가 있어요. 그 상태로 딱딱하게 굳어지면 차츰 암석으로 바뀌게 되지요. 뼈나 이빨, 단단한 껍데기 등 몸의 딱딱한 부위는 이런 과정을 거쳐 화석이 될 가능성이 높아요.

2. 석화 작용
식물과 나무에도 앞서 말한 광물화와 똑같은 작용이 일어날 수 있어요. 화석화된 나무 기둥을 두고 '석화'되었다고 표현하는데, 이는 곧 '돌처럼 변했다'는 의미랍니다.

3. 형체만 남는 경우
때로는 죽은 유기체의 몸이 완전히 분해되어, 묻혀 있던 돌 안에 그 형체나 흔적(인상)만 남는 경우도 있어요. 이렇게 생물체를 감쌌던 물질에 그 흔적만 남아 있는 것을 '인상화석'이라고 한답니다.

4. 자연 속에서 저절로 굳는 경우
시작되는 과정은 앞에서 말한 인상화석과 같아요. 다시 말해 죽은 유기체의 몸에 의해 돌에 빈 공간이 생겨요. 그 빈 공간에 광물이 들어차 딱딱하게 굳기 시작하고, 마침내 부싯돌 같은 단단한 화석이 형성되는 경우도 있어요.

5. 광물의 일종인 호박 속에 보존
작은 동물이나 곤충의 몸이 나무의 끈적한 수액(송진)에 뒤덮이면 그 수액 속에서 수백만 년간 보존되는 경우도 있어요. 이렇게 수액이 굳어 화석화된 광물을 '호박'이라고 해요.

6. 동결
고대의 유기체들이 별다른 손상 없이 고스란히 남아 있을 수 있는 가장 좋은 방식이 그대로 얼어붙는 것, 즉 '동결'이에요. 하지만 이는 굉장히 드문 일이에요. 죽는 순간부터 고생물학자**에 의해 발견될 때까지 얼어붙은 채 그 속에 하염없이 머물러 있어야 하거든요.

7. 미라화
동물이 죽은 직후 몸에 남은 물기가 완전히 마르면 피부와 장기들이 수천 년간 보존되기도 해요. 덥고 건조한 지역에서는 이런 현상이 자연적으로 발생하곤 하는데, 이것을 '미라화'라고 해요. 고대 이집트인들은 죽은 사람이나 동물의 몸을 완전히 말려 '미라'로 만들어서 보존하곤 했답니다.

8. 탄화
식물의 잎이나 어류 및 파충류의 신체 부위 같은 유기 물질은 분해되는 과정에서 탄소 원소만 남기는 경우가 있어요. 이런 탄소 원소가 암석에서 발견되기도 하는데, 간혹 이런 흔적에 유기체의 원래 모양에 대한 자세한 정보가 들어 있는 경우도 있답니다.

---

*   수십억 개의 뼈 중에서 하나 정도의 뼈만이 화석이 돼요. 여태 살았던 모든 생물 중 화석으로 남은 것은 0.001%가 채 안 된답니다.

** 고생물학자들은 고대의 화석을 찾아 이따금 지하 광산을 파서 영구 동토층까지 들어가기도 해요. 영구 동토층은 얼음에 의해 한데 뭉쳐진 토양과 암석, 모래 등을 말해요.

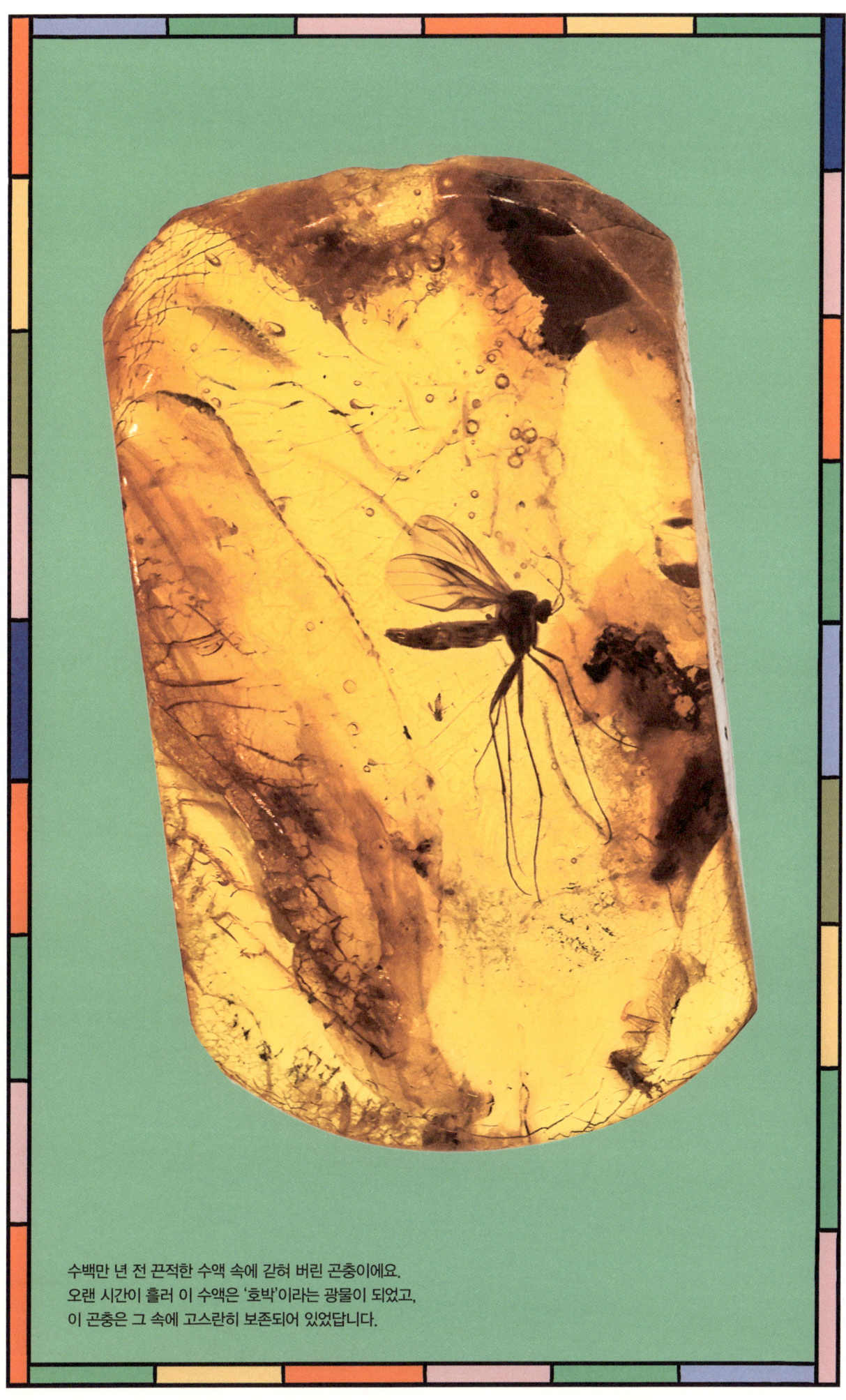

수백만 년 전 끈적한 수액 속에 갇혀 버린 곤충이에요.
오랜 시간이 흘러 이 수액은 '호박'이라는 광물이 되었고,
이 곤충은 그 속에 고스란히 보존되어 있었답니다.

공룡이 남긴 생활 흔적들

공룡이 어떻게 살았는지 알아보기 위해 고생물학자들이 활용하는 흔적 화석 5

화석으로 남은 뼈는 물론 다른 여러 단서를 통해 우리는 공룡의 생김새와 생활 방식을 추측해 볼 수 있어요. 이런 단서들을 '흔적(생흔) 화석'이라고 한답니다. 흔적 화석의 사례 5가지와 이를 통해 알 수 있는 것들을 정리해 놓았어요.

1. 발자국과 지나다닌 흔적: 공룡이 진흙이나 무른 땅 위를 지나가면 발자국이 남아요. 이때 적절한 조건이 갖춰지면 이 발자국이 단단히 굳어서 화석이 된답니다. 이것을 '족적 화석'이라고 해요. 고생물학자들은 이런 발자국의 모양을 연구해 그 공룡이 얼마나 무거웠는지, 두발로 걸었는지 네발로 걸었는지, 그리고 어느 정도 속도로 걷거나 뛰었는지까지 추정할 수 있답니다.

2. 공룡 알과 둥지: 공룡 알*을 통해 가장 먼저 알 수 있는 것은 그 안에 있던 새끼 공룡의 대략적인 크기예요. 또한 알의 개수**와 둥지나 지하 동굴에 알이 놓여 있는 모습을 통해서도 공룡이 부모로서 어떤 역할을 했는지, 새끼를 보호하고 돌보기 위해 무엇을 했는지 등을 알 수 있어요.

3. 똥: 동물들의 똥이 화석화된 것을 '분석'*** 이라고 해요. 이것을 연구해 보면 어떤 종류의 동물이 그것을 배설했는지 알아낼 수 있어요. 또한 그 동물이 주로 먹었던 것에 관한 단서도 찾아볼 수 있답니다.

4. 이빨 자국: 공룡 뼈에 남은 이빨 자국은 공룡들이 서로 어떻게 싸웠는지 그리고 얼마나 강력했는지 보다 자세히 알 수 있는 단서를 제공해 줘요. 또한 몇몇 육식 공룡들이 자기가 속한 종의 구성원을 공격하고 죽였다는 것을 밝혀주기도 했답니다.

5. 깃털: 화석으로 남은 깃털에서도 중요한 정보를 얻을 수 있어요. 깃털이 있는 공룡들이 어떻게 생겼는지, 어떻게 체온을 유지했는지, 그리고 날 수 있었는지 아닌지 등을 알 수 있지요. 최근 고생물학자들은 화석화된 깃털의 세포 안에서 발견한 '멜라노솜'이라는 색소 입자를 연구하기 시작했는데, 여기에는 그 깃털의 색깔에 대한 정보가 담겨 있답니다.

오른쪽: 이것은 중국에서 발견된 '안키오르니스 헉슬리아이'라는 공룡의 화석이에요. 날개와 몸통 부위에 깃털의 흔적이 남아 있었지요. 이 화석에서 찾아낸 색소 입자 '멜라노솜'을 통해 이 공룡의 깃털이 여러 가지 색깔로 이루어져 있었음을 추측할 수 있었어요.

---

* 지금까지 알려진 바에 의하면, 모든 공룡은 알을 낳아 번식을 했어요.

** 2019년, 중국 광둥성의 허위안에 사는 장양저라는 10세 소년이 '이상하게 생긴 돌'을 발견했는데, 알고 보니 공룡 알이었어요. 이곳에서 총 11개의 공룡 알이 발견되었답니다.

*** 전 세계에서 화석 똥을 가장 많이 가지고 있는 사람은 미국 플로리다주에 사는 조지 프란드센이에요. 그는 총 1277개의 '분석'을 가지고 있는데, 그중 가장 큰 것의 무게는 1.92킬로그램이라고 해요. 이 분석에 그는 '프레셔스(소중하다는 뜻)'라는 이름도 지어 주었답니다.

공룡 시대

이렇게 비싸다고?

공개 경매로 팔린 어마어마한 값의 공룡 화석 7

어쩌면 여러분은 공룡 화석이 아무런 값어치가 없다고 생각할지도 모르겠어요. 어쨌든 그저 땅속에 묻혀 있던 것이니까요. 하지만 온전하거나 거의 온전한 상태의 공룡 뼈대가 워낙 드물다 보니, 그런 화석을 발견한 사람들은 큰돈을 얻기도 해요. 경매를 통해 엄청난 가격에 판매된 화석 7개를 살펴볼게요.

1. 티라노사우루스 렉스 '수(Sue)'

가격: 950만 파운드(다이아몬드 반지 약 3800개에 해당, 우리 돈으로 약 154억 원)

낙찰자: 미국 시카고의 필드박물관. '수'는 현재 이곳에 전시되어 있어요.

이력: '수'는 경매에서 가장 높은 가격에 판매된 공룡 화석이에요. 발굴 당시 보존 상태가 굉장히 좋았거든요. 이 화석을 처음 발견한 고생물학자 수 헨드릭슨의 이름을 따서 '수'라는 이름이 붙었답니다.

2. 디플로도쿠스 아폴로니아, 프린스, 트윈키

가격: 610만 파운드(다이아몬드 반지 약 2440개에 해당, 우리 돈으로 약 99억 원)*

낙찰자: 싱가포르의 치콩치안 자연사 박물관. 이 공룡 화석들은 현재 이곳에 전시되어 있어요.

이력: 이 공룡 삼총사는 채석장에서 발견되었어요. 과학자들은 이들이 같은 무리에 속해 있었을 거라고 생각해요.

3. 싸움 중인 알로사우루스와 스테고사우루스

가격: 210만 파운드(다이아몬드 반지 약 840개 해당, 우리 돈으로 약 35억 원)

낙찰자: 이름을 밝히지 않은 박물관

이력: 이 화석이 발견된 당시, 알로사우루스의 턱은 스테고사우루스의 다리 근처에 박혀 있었어요. 이 공룡들이 격렬한 싸움을 벌이다 둘 다 죽어서 진흙 속에 묻힌 것으로 보여요.

4. 미스터리 공룡

가격: 180만 파운드(다이아몬드 반지 약 720개에 해당, 우리 돈으로 약 30억 원)

낙찰자: 알려지지 않음**

이력: 이 공룡 화석을 본 과학자들은 처음에 이것이 알로사우루스의 화석이라고 생각했어요. 하지만 조사가 더 진행되면서 그들의 분석이 잘못되었다는 결론이 나왔고, 결국 이 화석에는 '미스터리 공룡', 즉 알 수 없는 공룡 화석이라는 이름이 붙었답니다. 만일 이 공룡 화석이 새로운 종으로 판명될 경우 경매인들의 합의에 따라 그 소유자는 학명을 결정하는 데 발언권을 행사하게 될 거예요.

5. 공룡 화석 '미스티'

가격: 50만 파운드(다이아몬드 반지 약 200개에 해당, 우리 돈으로 약 8억 원)

구매자: 알려지지 않음

이력: 쥐라기 후기의 대형 초식 공룡인 디플로도쿠스의 이 화석은 '미스티'라는 별명으로도 불려요. 이 화석이 발견된 미국의 '미스터리 채석장'의 이름을 줄여서 '미스티'라는 별명을 붙였답니다.

---

* 티렉스 같은 육식 공룡들은 디플로도쿠스 같은 초식 공룡보다 경매에서 더 큰 금액에 팔리는 경향이 있어요.

** 경매에서 화석을 구매한 사람들은 자신의 신원을 공개하거나 구매한 화석으로 무엇을 하려는지 알릴 필요가 없어요. 그래서 여태 발견된 공룡의 뼈대 중 일부는 추적이 불가능할 뿐만 아니라 과학계의 입장에서는 사실상 잃어버린 셈이나 다름없어요.

6. 공룡 알이 들어 있는 랍토르의 둥지

가격: 30만 파운드(다이아몬드 반지 약 120개에 해당, 한화로 약 5억 원)

구매자: 알려지지 않음

이력: 이 공룡 둥지에는 22개의 깨진 알이 있었는데, 그중 일부에는 랍토르 새끼가 들어 있었어요.

7. 히파크로사우루스 '프레야'

가격: 10만 4205파운드(다이아몬드 반지 약 40개에 해당, 한화로 1억 700만 원)

구매자: 알려지지 않음

이력: 오리주둥이를 가진 이 희귀한 공룡 화석은 몸길이 약 7.1미터에 키 3.1미터로, 티라노사우루스 렉스의 크기랍니다.

히파크로사우루스 '프레야'

공룡 시대 **47**

파낼 수 있겠어요?

공룡 화석을 발굴하고 전시하기까지 7단계 과정

1. 현장 조사: 공룡 화석이 발견될 가능성이 높은 고대의 암석 지역을 자세히 살펴요. 공룡 뼈나 다른 단서들이 있는지 꼼꼼히 찾아요.

2. 화석 주변 치우기: 화석의 일부를 찾아냈다면, 그 화석이 좀 더 잘 드러나게 주변에 있는 돌을 조심스럽게 치워요. 이 작업을 위해 고생물학자들은 망치와 드릴, 끌, 모종삽과 먼지 털이용 솔이나 붓 등을 이용해요.

3. 지도 작성: 찾아낸 화석의 위치를 하나하나 기록해요. 발굴 현장에 가로세로 1미터 크기의 기준선을 설치하고 현장 사진을 찍어서 그 크기와 위치를 확인할 수 있어요.*

4. 화석 떼어 내기: 암석에서 화석을 떼어 내는 작업은 며칠 혹은 몇 주가 걸리기도 해요. 공룡 화석이 충분히 드러나면, 암석에서 화석을 떼어 내 실험실로 옮길 때까지 보호용 석고 모형을 덮어 화석의 훼손을 방지해요. 실험실로 옮긴 뒤에는 브러시와 작은 도구들을 이용해 각각의 뼈를 하나하나 다시 분리해 내요.

5. 화석 스캔하기: 이제 엑스레이와 CT 스캐너로 화석 뼈의 내부를 촬영해요. 이 사진들을 이용해 컴퓨터로 그 화석의 자세한 입체 모형을 만들 수 있어요.

6. 화석 세우기: 화석을 박물관에 전시할 계획이라면, 찾아낸 화석 뼈들을 '골조'라고 부르는 철제 틀에 짜 맞춰야 할 거예요. 해당 공룡의 뼈대 중에서 아직 찾아내지 못한 부분이 있다면 그곳을 채울 대체용 뼈도 만들어야 할 거고요.

7. 모형 만들기: 전시를 위해 공룡의 근육과 피부, 혀, 눈 등 여러 신체 부위의 모형을 만들어야 할 때도 있어요. 이 작업을 위해 전문가들은 해당 공룡의 뼈대에 대한 정보(예를 들면 어떤 뼈가 근육의 어느 부분에 붙어 있는지)를 수집하고 해부학적으로 비슷한 구조를 지닌 오늘날의 동물을 참고하기도 한답니다. 마침내 공룡을 전시할 준비가 끝났어요!

왼쪽: 미국 유타주에 있는 공룡 화석 국립기념공원에서 한 고생물학자가 공룡 뼈에서 암석을 조금씩 떼어 내고 있어요.

* 현대의 고생물학자들은 디지털 사진을 활용해 발견된 화석과 발굴 위치의 2차원 또는 3차원 모델을 만들기도 한답니다. 이 기술을 '포토그래메트리(사진 측량)'라고 해요.

가짜 화석들

거짓으로 드러난 공룡 화석 7

1. 베링거의 거짓 돌

시기: 1725년

벌어진 사건: 독일 뷔르츠부르크대학의 요한 베링거 교수는 근처 아이벨슈타트산에서 화석을 찾아다니곤 했어요. 그러던 어느 날 같은 대학 동료 교수들이 베링거 교수를 골탕 먹일 계획을 세웠어요. 석회암에 도마뱀과 개구리, 거미 모양의 가짜 화석을 새겨 넣고 산비탈에 묻어둔 거예요. 베링거 교수는 이 속임수에 제대로 걸려들어 그것이 진짜라고 믿었고, 심지어는 자신의 놀라운 발견에 관한 책도 냈어요. 결국 진실이 밝혀지면서 이 가짜 화석에는 '베링거의 거짓 돌'이라는 이름이 붙고 말았답니다. 그중 일부는 영국 옥스퍼드대학의 자연사 박물관에 지금도 전시되어 있어요.

2. 히드라르코스

시기: 1845년

벌어진 사건: 아마추어 화석 사냥꾼이자 전시 기획자였던 알베르트 코흐가 전설에 나오는 거대한 바다뱀을 찾아냈다는 소식이 널리 알려졌어요. 코흐는 35미터에 이르는 이 거대한 뼈대에 '히드라르코스'라는 이름을 붙였고, 프러시아의 황제 프리드리히 빌헬름 4세에게 그것을 팔았답니다. 하지만 안타깝게도 이 화석은 가짜였어요. 알고 보니 그것은 고대의 고래 약 6마리의 뼈들로 조립된 것이었고, 그 사이사이에는 암모나이트 화석도 끼어 있었지요. 한마디로, 이 모든 일이 코흐가 꾸민 사기극이었던 거예요. 하지만 몇 년이 흐르도록 이 사실은 드러나지 않았어요. 그러다 제2차 세계 대전 때 '히드라르코스'는 독일의 폭탄 공격을 받아 산산이 부서지고 말았답니다.

1845년에 코흐가 전시한 히드라르코스 뼈대

3. 암피코엘리아스 프라길리무스

시기: 1877년

벌어진 사건: 미국 콜로라도주에서 공룡 뼈 한 조각이 발굴되었어요. 유명한 고생물학자였던 에드워드 드링커 코프는 이것이 새로운 종류의 초대형 공룡의 뼈라고 생각했어요. 이 새로운 공룡에는 '암피코엘리아스 프라길리무스'라는 이름이 붙었고, 몸길이 58미터에 무게 90톤이 넘을 거라는 추정도 나왔어요. 하지만 알 수 없는 이유로 이 뼈가 사라졌고, 이후로 그 정도 크기의 공룡 뼈가 발견된 적은 단 한 번도 없어요. 그래서 일부 전문가들은 그 뼈가 가짜였거나 어쩌면 아예 존재한 적도 없었다고 여긴답니다.

4. 나무 화석으로 판명난 아케노사우루스

시기: 1887년

벌어진 사건: 동식물 연구가였던 아베 G. 스메츠는 프랑스에서 화석 2개를 발견했어요. 새로운 종의 공룡 화석을 발견했다고 생각한 그는 이 화석에 '아케노사우루스'라는 학명을 붙였어요. 그는 자신의 발견에 대해 확신에 차 있었고, 아케노사우루스의 생김새를 나름 추정해 실물 크기의 모형을 만들기도 했어요. 하지만 고생물학자 루이 돌로와 식물학자 모리스 오브라크는 스메츠의 의견에 동의할 수 없었어요. 이들은 반박을 위한 연구조사에 나섰고, 결국 스메츠가 찾아낸 것이 화석화된 나무 조각이었다는 사실을 밝혀냈답니다.

5. 아르카이오랍토르

시기: 1999년

벌어진 사건: 새로운 종의 날아다니는 공룡 화석이 중국에서 발견되었다는 소식이 화제를 모은 적이 있어요. '새와 공룡 사이의 잃어버린 진화의 고리'를 찾아냈다며 떠들썩했지요. 하지만 고생물학자들이 분석한 결과, '아르카이오랍토르'라고 명명된 이 화석은 가짜였어요. 머리와 몸은 원시 조류의 화석이었고, 꼬리는 '미크로랍토르'라는 날아다니는 공룡의 것이었답니다.

6. 이크티오사우루스

시기: 2000년

벌어진 사건: 영국에 있는 카디프 국립 박물관의 가장 인상적인 전시물 중 하나는 2억 년 전 쥐라기에 살았던 어룡 '이크티오사우루스'의 화석이었어요. 그곳에 100년 넘게 전시되어 있었지요. 하루는 청소를 위해 이 화석을 꺼냈다가 그것이 이크티오사우루스의 것이 아니라는 사실을 알게 되었어요. 이 화석에는 두 종의 다른 동물 뼈가 포함되어 있었고, 몇몇 인공 뼈까지 끼워 붙여서 마치 공룡처럼 보이도록 누군가 조작했던 거예요. 박물관은 가짜 공룡의 한 예로 이 골격을 계속 전시하기로 결정했답니다.

7. '스폿'이라는 이름의 아파토사우루스

시기: 2014년

벌어진 사건: 영국 리버풀에 있는 한 대학의 과학자들이 아파토사우루스의 새끼를 복제했다는 소식이 알려졌어요. 타조를 이용해 이 공룡의 새끼를 부화시키는 데 성공했다는 것이었지요. 기사에는 이 과학자들이 '스폿'이라고 이름 붙인 새끼 공룡의 사진도 한 장 포함되어 있었어요. 하지만 얼마 안 가 전문가들은 그 기사가 조작된 것이며 사진에 찍힌 것은 공룡이 아니라 새끼 캥거루였다는 사실을 밝혀냈답니다.

전멸!

공룡의 멸종에 관한 황당한 가설 13

오늘날 과학자들은 6600만 년 전 거대한 소행성 또는 혜성이 지구와 충돌하면서 공룡이 모조리 죽었다는 데 별다른 이견이 없어요. 이른바 'K-T 대멸종'*이라고 불리는 이 사건에 대해 알기 전까지는 여러 사람이 공룡의 멸종 이유를 설명하기 위한 나름의 가설을 내놓곤 했답니다. 그중에는 꽤 재미있는 것들도 있어요. 명백히 틀린 주장이긴 했지만 말이에요.

1. 육식 공룡들이 다른 공룡의 알을 너무 많이 먹어 치워서.

2. 고대의 나방과 나비 애벌레들이 풀을 너무 많이 뜯어 먹은 탓에 초식 공룡이 먹을 풀이 부족해져서.

3. 고대의 밝은 태양광 탓에 공룡들이 차츰 시력을 잃었고 이로 인해 더는 먹이와 짝짓기 상대를 찾을 수 없게 되어서.

4. 별의 폭발로 뿜어져 나온 에너지파가 지구 대기와 충돌하면서 끔찍한 기후 변화가 발생해서.

5. 공룡들이 살아남기 힘들 정도로 너무 커져서.

6. 공룡의 뇌가 서서히 작아지면서 생존을 이어가기에는 너무 멍청해져서.

7. 초식 공룡들의 방귀 때문에 대기 중에 메탄 가스가 너무 많아진 탓에 지구의 온도가 급격히 높아져서.

8. 선사 시대의 생활이 너무 지루한 탓에 굳이 더 살 필요가 없다는 생각이 들어서.

9. 공룡 몸 안에서 발생한 화학 호르몬의 변화로 인해 공룡 알의 껍질이 너무 얇아져서.

10. 공룡들이 등에 계속 부상을 입어서.

11. 육식 공룡이 다른 공룡을 모조리 먹어 치우고 급기야는 서로를 잡아먹어서.

12. 지구의 기후가 너무 높거나 너무 낮거나 너무 건조하거나 너무 습해져서.

13. 꽃이 피는 식물의 수가 증가한 탓에 꽃가루 알레르기가 생겨서.

---

* '대멸종'은 지구상의 어떤 동물 종이 50% 이상 한꺼번에 죽어 사라지는 현상을 말해요. 공룡을 전멸시킨 'K-T 대멸종' 당시에 개보다 몸집이 큰 육지 동물 중 살아남은 동물은 단 한 종도 없었답니다.

치명적인 충돌 사건

공룡을 전멸시킨 소행성* 숫자로 알아보기

6600만: 약 6600만 년 전 소행성이 지구와 충돌했어요.

7만 2000: 충돌 당시 소행성이 날아든 속도는 시속 7만 2000킬로미터였던 것으로 추정돼요. 제트기보다 100배 이상 빨랐던 셈이지요. 그 영향으로 지구 표면에 거대한 분화구가 생겼답니다.**

600: 오늘날 분화구 꼭대기에는 퇴적 작용으로 인해 600미터 깊이의 모래와 암석이 쌓여 있어요.

180: 분화구의 너비는 180킬로미터예요.

80: 소행성의 지름은 최대 80킬로미터였던 것으로 추정돼요.

75: 소행성 충돌 이후 약 75%의 동물과 식물이 멸종되었답니다.

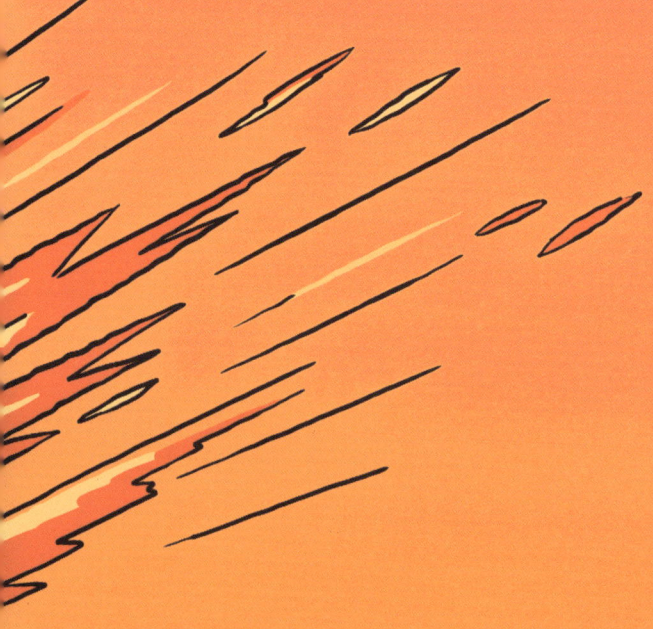

---

* 당시 지구와 충돌한 것이 소행성인지 혜성인지 과학자들도 확신을 내리지는 못해요. 다만, 그 충돌로 인해 생겨난 거대한 흔적을 통해 대략 6600만 년 전 엄청 크고 무거운 것이 지구와 충돌했다는 사실만큼은 100% 확신할 수 있지요.

** 이 분화구를 '칙술루브 운석공'이라고 해요. 1970년대 후반 멕시코의 유카탄반도에서 발견된 이 분화구는 일부가 바다에 잠겨 있어요.

유일한 생존자

오늘날까지 살아남은 유일한 공룡

1. 새*

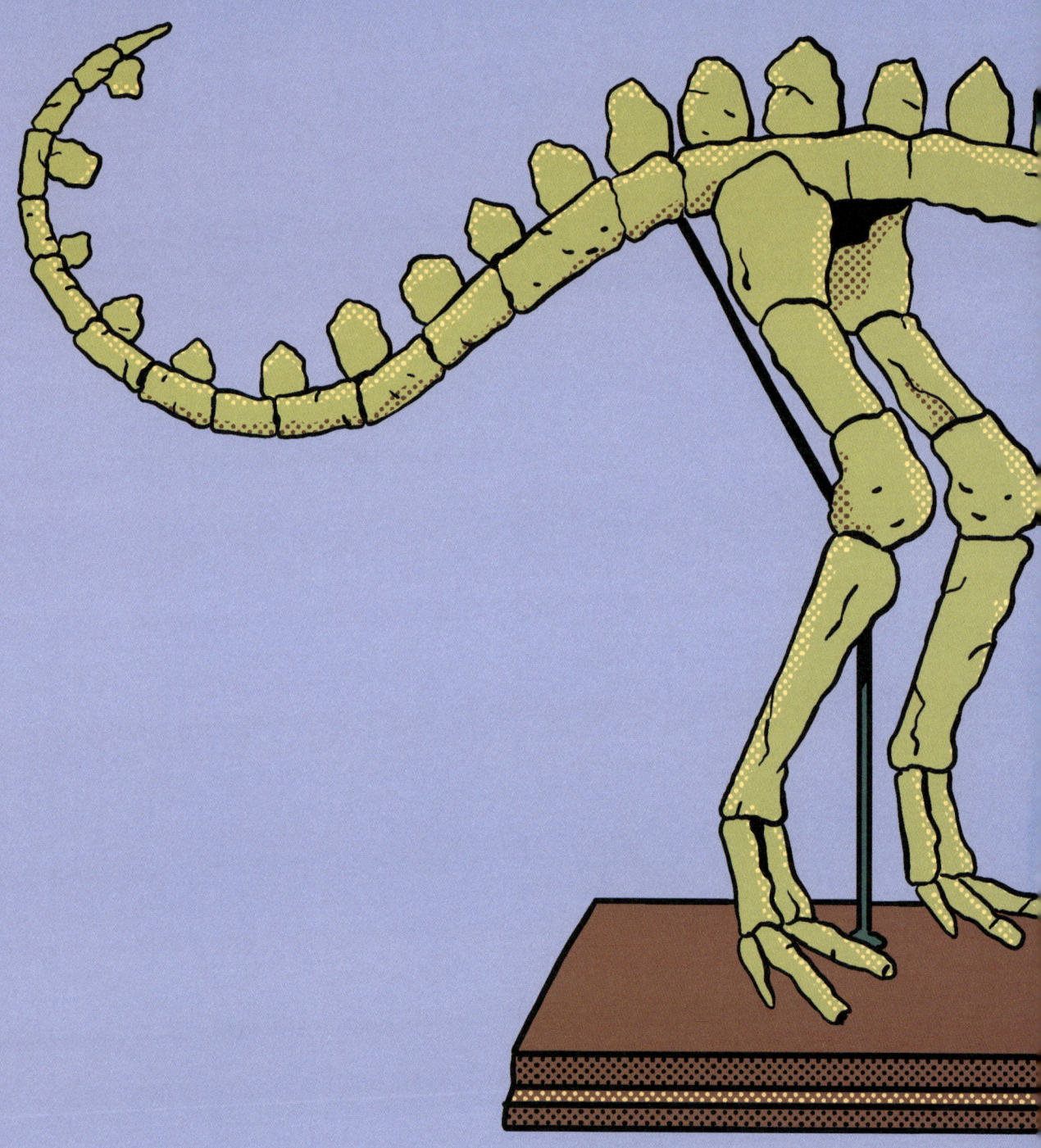

* 사실이에요. 그리고 지구상에는 약 1만 종의 새가 살고 있어요.
  그러니 공룡을 보고 싶다면 창밖을 내다보세요.

Chapter 2

동물의 세계

느리지만 생존력이 막강한 물곰과 놀랍도록 똑똑한 개 등
신비롭고 신기한 오늘날의 동물들

여기에서 만나게 될 흥미로운 주제들

- 영원히 사는 해파리
- 피부를 뚫고 뼈를 밀어내는 개구리
- 전기 기술자 흰담비
- 박쥐를 잡는 거미줄
- 지구에서 가장 시끄러운 동물
- 생김새를 바꾸는 문어
- 눈꺼풀이 3개인 동물들
- 방귀를 뀌지 못하는 포유류
- 똥으로 모래를 싸는 물고기
- 피를 빨아 먹는 나방
- 침팬지의 칫솔
- 가장 똑똑한 견종
- 괴물 잠자리
- 세상에서 가장 작은 상어
- 가라앉지 않는 고양이

굵고 짧은 인생

수명이 짧은 동물 14

1. 하루살이 성충 – 2일
2. 복모류* – 3일
3. 잠자리 – 2주**
4. 집파리 – 4주
5. 피그미망둥이 – 2개월
6. 라보르드카멜레온 – 4~5개월
7. 벌 – 5개월***
8. 제왕나비 – 9개월
9. 바퀴벌레 – 1년
10. 모스키토피시**** – 1년
11. 쥐 – 1년
12. 피그미땃쥐 – 1년
13. 울새 – 1년
14. 문어 – 1.5년

길고 긴 인생

수명이 긴 동물 13

1. 홍해파리(불사 해파리) – 영원히 살아요!*
2. 대양백합조개 – 507년
3. 그린란드상어 – 392년
4. 북극고래 – 211년
5. 한볼락 – 205년
6. 붉은성게 – 200년
7. 알다브라코끼리거북 – 190년 이상**
8. 갈라파고스땅거북 – 177년
9. 대서양큰붉은볼락 – 157년
10. 호수철갑상어 – 152년
11. 오렌지러피(심해어) – 149년
12. 이스턴박스터틀 – 138년
13. 그리스땅거북 – 127년

---

* '복모(複毛, 배의 털)동물'이라고도 불리는 복모류는 몸길이가 3밀리미터도 안 되는 미세한 해양 생물이에요.
** 일부 잠자리들은 1년까지 살기도 해요.
*** 여왕벌은 5년까지 살기도 해요.
**** 모기 유충을 잡아먹는 작은 물고기예요.

* 해파리의 한 종인 '홍해파리'는 어린 단계(폴립)에서 성체(다 자란 해파리)가 되었다가 다시 폴립 상태로 돌아갈 수 있는 굉장히 희귀한 생물이에요. 홍해파리는 이 과정을 영원히 반복해요. 실제로는 포식자에게 잡아먹히거나 병에 걸려 죽는 경우도 있겠지만, 생리학적 이론상 이들은 영원히 살 수 있답니다.
** 현재 세계 최장수 동물은 '조너선'이라는 이름의 알다브라코끼리거북이에요. 1832년에 부화했다고 알려져 있는 이 육지 거북은 대서양의 세인트헬레나섬에 살고 있어요. 조너선을 통해 알 수 있는 건강하게 오래 사는 방법은 충분한 수면과 햇빛, 말랑한 바나나 등이랍니다.

58 공룡 시대와 동물의 세계

알다브라코끼리거북

식사와 식사 사이

먹지 않고 가장 오래 버틸 수 있는 동물 10

1. **물곰(완보동물)** – 30년
2. **동굴도롱뇽붙이*** – 10년
3. **악어** – 3년
4. **스웰샤크** – 1년 3개월
5. **갈라파고스땅거북** – 1년
6. **전갈** – 1년
7. **볼비단구렁이** – 6개월
8. **혹등고래** – 6개월
9. **흑곰** – 3개월
10. **황제펭귄** – 3개월

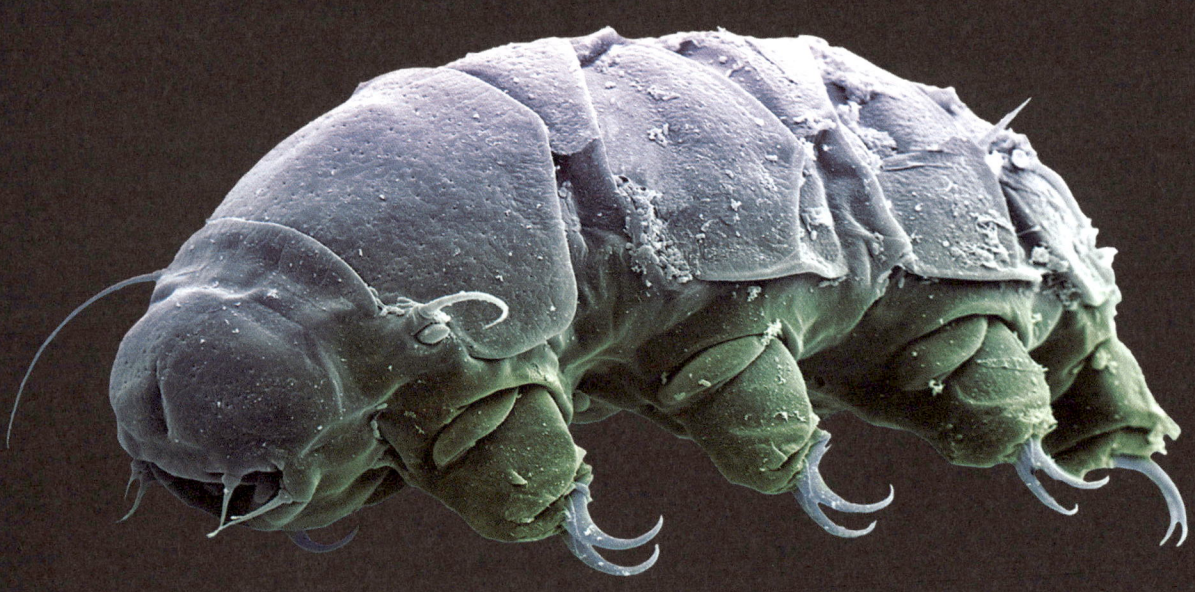

느리게 움직이는 완보류인 물곰('곰벌레'라고도 해요)은 압력이 거센 깊은 바닷속과 진공 상태의 우주 같은 극한의 조건에서도 살아남을 수 있는 아주 작은 생물이에요.

---

* 동굴도롱뇽붙이는 도롱뇽의 일종으로, 앞을 전혀 보지 못하며 빛이 들지 않는 캄캄한 동굴 속에서 100년 정도 살아요. 이들은 에너지를 거의 쓰지 않기 때문에 이토록 오랫동안 먹지 않은 채 살 수 있답니다. 한 연구에 의하면, 무려 7년간 전혀 움직이지 않았던 녀석도 있었다고 해요.

영원한 동반자

평생 짝을 이루는 동물 20

1. 알바트로스
2. 아귀*
3. 외양간올빼미
4. 검은대머리수리
5. 비버
6. 콘도르
7. 코요테
8. 긴팔원숭이
9. 검독수리
10. 물수리
11. 펭귄
12. 초원들쥐
13. 캐나다두루미
14. 만손주혈흡충**
15. 해마
16. 싱글백스킨크 도마뱀
17. 백조
18. 흰개미***
19. 멧비둘기
20. 늑대

확대 가족

한 번에 많은 수의 새끼를 낳는 동물 10

1. **개복치** – 알 3억 개
2. **아프리카군대개미** – 알 400만 개*
3. **대서양 철갑상어** – 알 250만 개
4. **해마** – 새끼 2000마리**
5. **퍼프애더**(아프리카 독사)
   – 새끼 156마리
6. **마다가스카르고슴도치붙이**(민꼬리 텐렉)
   – 새끼 32마리***
7. **벌거숭이두더지쥐** – 새끼 28마리
8. **버지니아주머니쥐** – 새끼 25마리
9. **유럽자고새** – 알 22개
10. **토끼** – 새끼 14마리

마다가스카르고슴도치붙이 가족

---

* 아귀과에 속하는 몇몇 종은 짝짓기 이후 수컷이 암컷의 몸에 달라붙어 남은 평생 한 몸처럼 살아간다고 해요.
** 만손주혈흡충은 작은 기생 편충으로 질병을 일으킬 수 있어요. 그래서 '로맨틱'과는 거리가 멀어 보이겠지만, 실제로 이들 커플은 사이가 아주 좋아요.
*** 여왕개미와 여왕벌은 여러 마리의 수컷과 짝짓기를 하는 반면, 여왕흰개미는 단 한 마리의 수컷과 짝짓기를 하며 이 둘은 한 쌍의 커플이 되어 흰개미 집단을 이룬답니다.

* 매달 1번씩 400만 개의 알을 낳아요.
** 해마는 특이하게도 수컷이 임신을 하고 새끼를 낳아요.
*** 마다가스카르고슴도치붙이는 고슴도치처럼 생긴 작은 포유동물로 마다가스카르섬에 살아요. 여러분이 이 동물을 단 한 번도 본 적이 없다면, 그 이유는 아마도 이 녀석이 1년 중 최대 75%의 기간 동안 활동을 멈추고 잠을 자기 때문일 거예요.

내가 도와줄게!

서로 도움을 주고받으며 사는 동물 5

다른 두 생물이 서로 이익을 주고받으며 함께 사는 것을 '상리 공생'이라고 해요.

1. 흰동가리와 말미잘: 말미잘은 독이 있는 촉수로 거의 모든 물고기를 공격하지만 흰동가리는 그 촉수 사이를 유유히 헤엄쳐 다니곤 해요. 흰동가리의 피부는 끈적이는 점액으로 덮여 있어서 말미잘의 촉수에 쏘여도 아무런 문제가 없거든요. 안전하게 살아갈 수 있는 공간을 마련해 준 대가로 흰동가리는 말미잘을 주로 잡아먹는 나비고기를 멀리 쫓아내 준답니다.

2. 코뿔소와 소등쪼기새: 소등쪼기새라는 자그마한 새들은 코뿔소의 등에 올라타 피부에 있는 진드기와 파리 등의 곤충들을 잡아먹는데, 코뿔소는 이에 전혀 아랑곳하지 않아요. 코뿔소 입장에서는 성가시게 구는 기생충이 없어져서 좋고 소등쪼기새는 공짜 식사를 얻게 되어, 서로 도움이 되거든요.

3. 회색늑대와 줄무늬하이에나: 이 두 포식자는 함께 사냥을 다니는 것으로 잘 알려져 있어요. 회색늑대 무리는 훌륭한 사냥 능력으로 먹이를 확보하고, 줄무늬하이에나는 그 먹이를 얻어먹는 대가로 뛰어난 후각과 큰 뼈를 으스러뜨리는 능력을 발휘한답니다.

4. 개미와 진딧물: 개미들 중 몇몇 종은 진딧물이라는 작은 곤충이 식물의 수액으로 만들어 내는 단물을 먹어요. 이 단물을 계속 먹기 위해 개미들은 포식자들로부터 진딧물을 보호해 주지요. 개미들은 또한 신선한 수액을 찾을 수 있게 새로운 식물로 진딧물을 유인하기도 해요. 더듬이로 진딧물을 주물러서 단물을 '짜내는' 개미들도 있다고 해요.

5. 빨판상어와 상어: 빨판상어는 다른 상어와 커다란 해양 동물에게 달라붙어 사는 작은 물고기예요. 빨판상어는 상어들의 피부에 기생충이 생기지 않도록 말끔하게 관리해 줘요. 뿐만 아니라 상어의 이빨 주변을 헤엄쳐 다니면서 음식물 찌꺼기를 먹어 치우기도 하지요. 이빨에 해로운 균이 번식하지 않도록 말이에요. 그 대가로 상어에 달라붙어 무료 식사를 즐긴답니다.

동물의 세계 63

새의 안식처

집단베짜기새의 둥지에 관한 놀라운 사실 3

1. 집단베짜기새의 둥지는 지구상에서 가장 큰 새 둥지로, 폭이 6미터가 넘어요.

2. 이 둥지의 출입구에는 포식자로부터 둥지를 보호하기 위한 뾰족한 지푸라기가 있어요.

3. 집단베짜기새들은 이 둥지를 여러 세대에 걸쳐 100년 이상 사용해요. 한 둥지에서 한꺼번에 400마리의 새들이 살 수 있어요.

땅속에 있는 마을

프레리도그* 마을에 관한 놀라운 사실 3

1. 프레리도그의 땅속 마을은 사방으로 몇 킬로미터까지 땅굴로 연결되어 있어요.

2. 이 마을에는 식량을 보관하고, 포식자들로부터 몸을 숨기고, 새끼를 돌보기 위한 다양한 용도의 수많은 방이 있어요.

3. 미국 텍사스주에서 발견된 프레리도그의 한 마을은 면적이 약 6만 5000제곱킬로미터에 달했고, 4억 마리가량의 프레리도그가 살고 있었어요.

흰개미가 쌓아올린 언덕

흰개미 집에 관한 놀라운 사실 3

1. 흰개미는 진흙과 자잘한 나무, 자기들의 똥과 침으로 집을 지어요.

2. 흰개미가 만든 가장 큰 집은 무려 7미터 높이에 달해 마치 언덕 같아요. 기린의 키보다 더 높답니다.

3. 모든 흰개미 집에는 내부와 외부 사이에 뜨겁고 찬 공기를 순환시키는 공기조절 시스템이 있어요.

넓게 펼쳐진 거미줄

거미 집단의 거미줄에 관한 놀라운 사실 3

1. 거미류의 한 종인 '아넬로시무스 엑시미우스'에 속하는 거미들은 집단으로 모여 사는 특징이 있어요. 이들은 우림에 서식하고, 그 거미줄에는 5만 마리가량의 거미가 달라붙어 있을 수 있답니다.

2. 이 거미의 거미줄은 나무와 덤불 전체를 뒤덮을 수 있을 뿐만 아니라 수백 미터까지 뻗어 있는 경우도 있어요.

3. 거미줄에 있는 거미들에게는 각자 맡은 일이 있어요. 몇몇은 거미줄을 보수하고, 다른 일부는 먹이를 찾고, 또 다른 거미들은 새끼 거미를 돌보는 식이지요. 그리고 거미줄이 클수록 먹잇감도 더 풍부해져요. 새와 박쥐를 잡을 수 있을 정도로 큰 거미줄을 치는 경우도 있답니다.

베짜기새

오른쪽: 이것은 아프리카 나미비아에 있는 집단베짜기새의 둥지예요.

* 프레리도그는 다람쥣과에 속하는 설치류예요.

시끄러운 이웃

엄청나게 큰 소리를 내는 동물 10

소리는 '데시벨'이라는 단위로 측정해요. 인간의 귀로 들을 수 있는 가장 작은 소리는 0데시벨이에요. 속삭이는 소리는 30데시벨이고 일반적인 대화 소리는 60데시벨, 제트기가 이륙할 때 나는 엔진 소리는 약 140데시벨이에요. 하지만 동물의 왕국에는 훨씬 더 큰 소리를 내는 녀석들이 있어요.

1. 딱총새우 – 200데시벨
딱총새우는 유난히 큰 집게다리를 가지고 있어요. 이 집게다리로 물거품이 생길 만큼 빠르게 물줄기를 뿜어내지요. 이 물거품이 터질 때마다 충격파가 발생하는데, 그 소리가 워낙 커서 최대 2미터 떨어진 다른 새우와 물고기까지 죽음에 이를 수 있다고 해요.*

2. 대왕고래 – 188데시벨
대왕고래는 서로 소통하고 어울리기 위해 다양한 소리를 내요. 딸깍거리는 소리, 휘파람 소리, 고동 소리, 리듬감 있는 호출음 등을 주로 이용하지요. 이 고래가 내는 가장 큰 호출음은 800킬로미터 떨어진 곳에서도 들을 수 있어요. 이는 프랑스 파리와 독일 베를린 사이의 거리에 해당되요.

3. 불독박쥐 – 140데시벨
박쥐들은 '반향 위치 측정(음파를 이용한 위치 파악)' 능력을 이용해 어둠 속에서 먹이와 길을 찾기 위해 소리를 내요.** 불독박쥐는 박쥐과 중 가장 큰 소리를 내는 종으로, 물웅덩이에서 물고기의 움직임을 탐지하기 위해 유난히 큰 소리를 낸답니다.

4. 카카포 – 132데시벨
앵무과의 날지 못하는 새인 카카포는 새들 중 제일 큰 소리를 내요. 카카포는 짝짓기 상대를 부르기 위해 가슴에 있는 특수한 공기 주머니를 이용해 '붐' 하는 독특한 소리를 내는데, 이 소리는 7킬로미터 이상 떨어진 곳에서도 들을 수 있답니다.

5. 매미 – 120데시벨
매미는 배의 양쪽에 있는 '진동막'이라는 특수 기관을 움직여 독특한 소리를 내요. 이 소리는 비어 있는 복부에 의해 한층 더 크게 울려 퍼져요. 수컷 매미들만 이런 우는 소리를 내는데, 이는 암컷을 유인하기 위한 거예요.***

6. 사자 – 114데시벨
사자들은 무리 내 다른 사자와 소통하고 영역을 표시하는 등 다양한 이유로 으르렁거려요. 사자의 커다란 포효 소리는 아프리카 평원을 가로질러 최대 8킬로미터까지 퍼진답니다.

---

* 물거품이 터질 때 작은 불꽃이 번쩍이기도 해요. 이 불꽃은 순간적으로 거품의 온도를 4700도씨까지 높이기도 하는데, 이는 태양의 표면 온도와 맞먹는 수준이에요.

** 반향 위치 측정을 위해 박쥐는 입이나 코로 음파를 내보내요. 이 음파가 어떤 물체에 부딪히면 메아리로 되돌아오고, 이를 통해 박쥐는 그 주변에 대한 그림을 머릿속에 그려 낼 수 있답니다.

*** 매미들은 서로 가까이 모여 있는 경우가 많아요. 그래야 우는 소리가 주변으로 흩어져서 천적인 새들이 매미의 정확한 위치를 찾아내기 힘들거든요.

7. 코끼리 – 103데시벨
아프리카코끼리들은 나팔 소리 같은 독특한 소리를 통해 몇 킬로미터 떨어져 있는 자기 무리와 소통을 한답니다. 이 코끼리와 가까운 곳에 있다면 코끼리가 내는 소리로 인해 온몸에 진동이 느껴질 수도 있어요!

8. 물벌레 – 99데시벨
몸의 크기를 기준으로 비교해 보면, 물에 사는 작은 곤충인 물벌레가 지구상에서 제일 시끄러운 동물이라고 할 수 있어요. 수컷 물벌레는 짝짓기 상대를 유인하기 위해 '노래'해요. 복부의 불룩한 곳에 몸의 한 부위를 문질러 이런 소리를 내는데, 종종 다른 수컷과 합창하듯 '노래'를 부른답니다.

9. 코키개구리 – 95데시벨
수컷 코키개구리는 암컷을 유인하고 유혹하기 위해 큰 울음소리를 내요. 이 개구리에게 '코키'라는 이름이 붙은 이유는 둘로 나뉘는 독특한 울음소리 때문이에요. 앞의 '코' 소리는 경쟁자인 다른 수컷에게 경고를 보내는 것이고, 뒤의 '키' 소리는 암컷이 자신의 정확한 위치를 찾도록 유도하는 거예요.

10. 짖는원숭이 – 90데시벨
짖는원숭이는 이름값을 제대로 해요. 무리를 이뤄 다 같이 울어 대면 최대 5킬로미터 떨어진 곳에서도 그 소리가 들리거든요. 이렇게 집단으로 내는 위협적인 울음소리는 다른 원숭이들에게 영역 밖으로 물러나라고 알리는 경고랍니다.

동물의 세계 **67**

동물들이 발휘하는 기막힌 능력

초능력이 있는 것 같은 동물 10

모든 동물에게는 제각각 독특한 면이 있지만, 슈퍼히어로(영웅) 영화에나 나올 법한 특별한 특징과 능력을 가진 동물도 있답니다.

1. 전기뱀장어: 600볼트의 전기 충격을 가해 먹이를 기절시킬 수 있어요.*

2. 멕시코도롱뇽 '아홀로틀': 근육과 뼈, 신경 세포, 신체 기관 등 몸의 거의 모든 부위를 원래대로 되돌릴 수 있어요.

3. 연어: 지구 자기장의 흐름을 감지할 수 있어요. 이 감각을 이용해 매년 바다와 강을 수백 킬로미터 가로질러 산란지를 찾아온답니다.

4. 살무사: 얼굴 부위에 있는 열 감지 특수 기관을 이용해 어두운 곳에서도 '볼' 수 있어요. 이 능력으로 캄캄한 어둠 속에서 다른 동물(주로 먹잇감)을 찾을 수 있답니다.

5. 흉내문어(미믹 문어): 이 문어는 이름 그대로 모양과 색깔을 바꿔 다른 동물을 흉내 낼 수 있어요. 라이온피시, 해파리, 새우, 게 및 다른 먹잇감으로 둔갑해 상대방을 속이곤 한답니다.**

6. 북미 송장개구리: 몸속의 혈액을 얼려서 겨울잠을 자는 동안 극심한 추위에도 살아남을 수 있어요.

7. 해삼: 신체 조직을 딱딱한 고체에서 액체 상태로 바꿔 바위 사이의 작은 틈으로 들어갈 수 있어요. 그러고는 틈 사이를 빠져나와 다시 원래의 모습으로 돌아갈 수 있답니다.

8. 금조: 귀에 들리는 거의 모든 소리를 그대로 따라 할 수 있어요. 전기톱 소리와 개 짖는 소리부터 휴대폰과 심지어 사람 목소리까지 똑같이 흉내 낼 수 있답니다.

9. 정어리: 눈앞에서 사라질 수 있어요! 정어리들은 똘똘 뭉친 형태의 밀집 대형과 비늘의 은빛 반사광을 이용해 포식자들 앞에서 갑자기 사라진 듯한 착시 현상을 일으킬 수 있어요.

10. 도마뱀붙이: 수직의 유리창 위를 걸어갈 수 있어요. 도마뱀붙이의 발에 있는 수천 개의 미세한 털과 유리 표면 사이에 발생하는 정전기력*** 덕분에 가능한 일이지요.

---

* 벽에 달린 일반 콘센트의 전압은 220볼트예요. 그러니까 전기뱀장어는 이 콘센트보다 2.5배 넘는 전압을 발생시킬 수 있는 거예요.

** 흉내문어는 몸 색깔을 바꾸는 능력으로 위장술도 발휘해요.

*** 정전기력은 물체에 전하가 축적되면서 발생하는 힘으로, 다른 물체를 끌어당길 수 있어요..

이미 핥았지!

초대형 혀를 가진 동물 8

1. 대왕고래 – 550센티미터
대왕고래의 혀 무게는 최대 4톤에 달하기도 해요. 하마 2마리와 맞먹는 무게예요.

2. 카멜레온 – 120센티미터
카멜레온의 끈적한 혀는 자기 몸보다 최대 2배나 길어요. 카멜레온은 이 혀로 곤충을 낚아채 빛의 속도로 입속에 집어넣어요.*

3. 큰개미핥기 – 60센티미터
큰개미핥기는 자기 몸길이의 3분의 1이 넘는 혀를 이용해 개미와 다른 곤충들을 마구 잡아먹어요. 놀랍게도 1분에 160번이나 혀를 날름거릴 수 있거든요.**

4. 기린 – 50센티미터
기린은 근육질의 강력한 혀로 나뭇가지를 휘어잡고 잎을 벗겨 먹어요. 기린의 혀는 짙은 검보라색인데, 이런 어두운 색깔 덕분에 뜨거운 태양 아래에서도 혀에 화상을 입지 않는답니다.

5. 오카피 – 46센티미터
기린의 친척뻘인 오카피는 말과 얼룩말을 섞은 듯한 모습의 동물이에요. 혀가 무척 길어서 자신의 눈꺼풀과 귀도 핥을 수 있답니다.

6. 천산갑 – 40센티미터
천산갑은 딱딱한 비늘로 덮인 포유동물로, 길고 끈끈한 혀를 가지고 있어요. 천산갑의 혀는 골반 근처에서 나오기 시작해 몸 전체를 통과해 지나가는 식으로 움직인답니다.

7. 태양곰 – 25센티미터
태양곰은 곰 중에서 크기가 가장 작지만 제일 긴 혀를 가지고 있어요. 태양곰은 이 긴 혀를 이용해 나무 기둥과 좁고 깊은 곳에서도 꿀과 곤충을 찾아내요.

8. 긴주둥이꿀박쥐 – 9센티미터
쥐와 비슷한 크기인 긴주둥이꿀박쥐는 일반적으로 5.8센티미터까지만 자라고 포유류 중에서 몸길이 대비 혀가 가장 길어요. 이 박쥐는 빨대처럼 생긴 혀로 열대 꽃들의 꿀을 빨아 먹는답니다.

카멜레온

---

* 카멜레온의 혀는 입에서 나올 때 시속 100킬로미터의 속도로 움직일 수 있어요.
** 그러니 개미핥기에게 아이스크림을 핥을 기회를 주면 절대 안 돼요.

시력이 뛰어난 동물

숫자로 알아보는 동물의 눈

100만: 독수리의 눈에는 1제곱밀리미터당 빛을 감지하는 세포의 수가 100만 개나 있어요. 인간의 눈에는 20만 개가 있답니다.

2만 8000: 잠자리는 머리 대부분을 차지할 정도로 매우 큰 2개의 겹눈을 가지고 있어요. 이 겹눈은 각각 2만 8000개의 낱눈으로 이루어져 있답니다.

350: 도마뱀붙이는 밤에 사람보다 훨씬 더 색깔을 잘 감지해요. 이들은 야간에 사람보다 350배 더 색깔에 민감하답니다.* (사람은 어두운 곳에서 색깔을 거의 분간하지 못해요.)

46: 올빼미는 46미터 떨어진 거리에서도 움직이는 쥐를 알아챌 수 있어요.

27: 남반구 바다에 사는 것으로 알려진 남극하트지느러미오징어(콜로살오징어)의 눈알 지름은 27센티미터예요. 이 오징어의 눈알은 대략 축구공 크기로 살아 있는 동물 중에서 가장 큽니다.

24: 몸통이 밑 빠진 상자처럼 생긴 '상자해파리'는 24개의 눈을 가지고 있어요.

16: 갯가재의 눈에는 16가지 종류의 색 수용체가 있어요. '색 수용체'는 색깔 정보를 받아들이는 물질로, 사람에게는 3가지(빨간색, 초록색, 파란색)가 있답니다.

5: 타조의 눈 지름은 5센티미터로, 조류 중에서 가장 커요.**

3: 낙타는 눈꺼풀이 3개예요.*** 2개는 사막의 모래가 눈 안으로 들어오는 것을 막아 주고, 3번째 눈꺼풀은 눈을 씻어내 깨끗한 상태가 유지되도록 해 주지요.

2: 카멜레온은 동시에 2개의 방향을 볼 수 있어요. 카멜레온의 눈은 따로따로 움직이는데, 덕분에 거의 360도의 시야를 확보할 수 있답니다.

1: 돌고래는 잠을 잘 때 눈을 한쪽만 감아요. 다른 쪽 눈은 항상 뜨고 있답니다.

타조

* 도마뱀붙이는 눈꺼풀이 없어서 혀로 눈알을 청소한답니다.
** 타조는 눈이 뇌보다 커요.
*** 낙타만 그런 건 아니에요. 고양이와 올빼미, 개구리 등 여러 동물이 제3의 눈꺼풀을 가지고 있어요.

내가 뀐 거 아니야!

방귀를 뀌지 못하는 포유류*

1. 나무늘보

* 새들도 방귀를 뀌지 못해요. 새의 내장에는 포유류나 다른 동물과 달리 가스를 유발하는 균이 없거든요.

나갈 구멍이 없어!

똥을 누지 않는 동물 3

1. 물곰(곰벌레): 미세한 이 생물 중 몇몇 종은 똥을 누는 대신 허물을 벗는 식으로 불필요한 물질을 몸 밖으로 내보내요.

2. 해파리: 엄밀히 말해서 해파리는 항문이 없기 때문에 똥을 눈다고 볼 수 없어요. 대신에 입을 통해 몸의 노폐물을 내보낸답니다.

3. 모낭충: 절지동물에 속하는 이 미세한 벌레는 생리 활동에 따른 노폐물을 장에 있는 특수한 세포들 안에 평생 모아 놓아요.

내가 알아서 할게!

특이한 방식으로 똥을 누는 동물 5

1. 애벌레: 애벌레는 소화되고 남은 식물 찌꺼기를 몸 밖으로 멀리 뿜어내요. '프라스(곤충의 배설물)'라고 불리는 이 노폐물을 자기 몸길이의 약 40배에 이르는 거리까지 발사하는데, 이는 포식자에게 자기 위치를 들키지 않기 위한 행동이에요.

2. 파랑비늘돔: 파랑비늘돔은 주로 산호초를 먹고살아요. 이들의 똥은 거의 전부가 갓 형성된 깨끗한 모래로 이루어져 있답니다.

3. 독수리: 독수리들은 자기 다리와 발에 똥을 싸요. 그러면 액체 상태의 똥이 증발하면서 피부에서 열을 빨아들여 체온을 낮출 수 있거든요.

4. 나무늘보: 이들은 대부분의 시간을 나무에 매달려 잠을 자지만, 일주일에 한 번씩 땅으로 내려와 똥을 싸요. 늘 같은 자리에서만 똥을 눈답니다.

5. 향유고래: 향유고래는 포식자를 쫓아내고 자기 위치를 드러내지 않기 위해 폭탄을 터뜨리듯 똥 구름을 뿜어내요.

달콤한 잠

동물들의 하루 수면 시간 14

1. **코알라** – 22시간*
2. **갈색박쥐** – 20시간
3. **아르마딜로** – 18시간
4. **주머니쥐** – 18시간
5. **비단뱀** – 18시간
6. **올빼미원숭이** – 17시간
7. **호랑이** – 16시간
8. **나무두더지** – 16시간
9. **다람쥐** – 15시간
10. **나무늘보** – 14.5시간
11. **오리너구리** – 14시간
12. **사자** – 13.5시간
13. **게르빌루스쥐**(저빌) – 13시간
14. **붉은털원숭이** – 12시간

코알라

* 코알라는 하루의 최대 90%를 잠을 자며 보내요. 코알라의 주식인 유칼립투스 잎에서 많은 에너지를 얻을 수 없기 때문이에요. 유칼립투스는 소화시키기 매우 힘든 식물이라서 위장이 그것을 분해해 영양분을 흡수하는 데는 오랜 시간이 걸린답니다.

피를 빨아 먹는 동물들

다른 동물의 피를 먹고사는 동물 10

1. 암컷 모기: 포유류와 조류, 파충류 같은 다른 동물의 피를 먹어요. 알을 만들려면 피가 필요하거든요.

2. 흡혈박쥐: 피를 빨아 먹기 전에 아주 날카로운 이빨을 이용해 해당 동물에게 작은 상처를 남겨요. 포유류 중에서 유일하게 피만 먹고산다고 알려져 있어요.

3. 칠성장어: 뱀장어처럼 생긴 해양 생물로, 빨판 같은 입을 이용해 다른 어류에 달라 붙어서 피를 빨아 먹어요.*

4. 벼룩: 벼룩의 유일한 식량은 다른 동물의 피예요. 벼룩은 단순히 피만 빨아 먹는 게 아니라, 그 과정에서 질병을 옮기기도 해요. 중세 시대에 유럽 인구의 4분의 1 이상을 죽음으로 몰아넣은 흑사병을 처음 퍼트린 것이 벼룩이랍니다.

5. 시베리아흡혈나방: 길고 뾰족한 혀를 이용해 소와 코뿔소, 코끼리를 비롯한 커다란 동물들의 피를 빨아 먹어요.

6. 흡혈되새: 갈라파고스에 사는 푸른발부비새의 피를 빨아 먹기 좋아해요. 흡혈되새는 푸른발부비새의 깃털에서 기생충을 잡아내는 가운데 슬그머니 피도 빨아 먹어요.

7. 거머리: 피를 빨아 먹는 벌레예요. 19세기에는 의사들이 거머리를 이용해 환자의 '나쁜' 피를 빨아들여 질병을 치료할 수 있다고 믿기도 했어요. 지금은 병원에서 이런 식으로 거머리를 이용하는 경우는 없어요.**

8. 소등쪼기새: '진드기새'라고도 불리는 소등쪼기새는 버팔로와 같은 커다란 동물 위에 앉아서 파리와 진드기, 구더기를 없애 줘요. 그렇다고 마냥 좋아할 일만은 아니에요. 곤충을 찾아내는 과정에서 그 동물의 피도 빨아 먹거든요.

9. 빈대: 주로 침대 매트리스와 나무 틀 속에 살면서 사람이 밤에 자고 있을 때 물어요. 빈대에 물리는 순간에는 특수한 마취 물질로 인해 물린 부위에 통증을 느끼지 못하는데, 나중에는 그곳이 가려울 수 있어요.

10. 자객벌레: 빨대처럼 생긴 기다란 신체 부위를 이용해 다른 동물들의 피를 빨아 먹어요. 자객벌레의 피해자로는 다양한 곤충과 거미, 심지어는 피를 빨아 먹는 흡혈박쥐도 있어요!

---

* 다행히도, 칠성장어는 수영하는 사람들한테는 별 관심이 없답니다.

** 하지만 오늘날의 의사들도 이따금 수술 이후에 혈액 순환이 잘 안 되는 피부 주위의 혈류를 개선하기 위해 거머리를 사용하기도 해요.

덤벼 봐!

놀라운 방어술을 지닌 동물 10

1. 복서게(가는손부채게): 독성이 있는 말미잘과 해면, 산호를 집게발로 쥐고 무시무시한 '권투장갑'을 만들어 포식자들을 위협해 멀리 쫓아내요.

2. 말레이시아개미: 목숨을 걸고 자기 집단을 지켜요. 이 집단의 병정개미들은 적이 공격해 들어오면 자기 몸을 폭탄처럼 터뜨려 적에게 끈적한 독을 뿌려요.

3. 산미치광이(호저): 길고 뾰족한 가시로 포식자의 옆이나 뒤로 공격해 들어가요.

4. 폭탄먼지벌레: 위협을 느끼면 항문을 통해 뜨겁고 악취 나는 액체를 뿜어요.

5. 텍사스뿔도마뱀: 눈에서 높은 압력의 피를 발사해요. 핏줄기가 1.5미터까지 뿜어져 나가는데 불쾌한 맛이 나는 화학 물질도 섞여 있어요.

6. 털북숭이개구리(공포개구리 또는 울버린개구리로도 알려져 있어요): 발가락뼈를 부러뜨려서 피부를 뚫고 뼈를 밀어내 날카로운 발톱을 만들 수 있어요.

7. 이베리아영원(스패니시립뉴트): 갈비뼈로 피부를 뚫어서 등을 따라 2줄의 뾰족한 가시를 만들 수 있어요. 이와 동시에 피부에서는 가시로 독성 물질을 내보내 추가적인 방어벽을 쳐요.

8. 먹장어: 물과 섞이면 부풀어오르는 끈적한 물질을 방출해 공격해 들어오는 다른 어류의 아가미를 막아 버릴 수 있어요.

9. 해삼: 항문을 통해 적에게 내장을 발사할 수 있어요. 해삼의 끈끈한 내장에는 '홀로수린'이라는 독성이 있어요.*

10. 주머니쥐: 위협을 받는 즉시 '죽은 척'을 하고 살이 썩는 듯한 냄새를 풍겨요. 포식자들이 정말로 죽었다고 생각하길 바라면서 그 상태로 몸을 웅크린 채 몇 시간이고 버텨요.

산미치광이 / 표범

* 해삼은 내장이 없어도 별문제가 없어요. 6주 이내에 다시 생기거든요.

위장술의 대가

눈속임에 천재적 능력을 발휘하는 동물 5

1. 뱀을 흉내 내는 애벌레: 박각싯과에 속하는 한 나방애벌레는 위협을 받으면 몸의 앞부분을 부풀려서 다이아몬드 모양의 '얼굴'과 큰 '눈'을 가진 독사처럼 변해요.

2. 포투: 중남미에 주로 서식하며 야행성인 이 새는 낮에 잠을 자요. 잠을 자는 동안 포식자의 눈에 띄지 않기 위해 꼼짝하지 않고 꼿꼿이 서서 죽은 나무의 가지인 척해요.

3. 난초사마귀: 육식성인 이 곤충은 분홍색과 흰색이 어우러진 예쁜 열대 꽃으로 위장해 파리와 벌을 유인해서 잡아먹어요.

4. 피그미해마: 이 자그마한 해양 생물은 산호의 일부인 척 위장을 해요. 찾아내기가 매우 힘들기로 유명한데, 실험실에서 과학자들이 연구하던 산호 조각에 숨어 있던 것이 우연히 발견된 적이 있어요.

5. 긴집게발게: 긴집게발게는 바다 밑바닥에서 주운 해초와 조개껍데기 조각 등으로 껍질을 치장해서 주변 환경에 완전히 녹아들어요.*

난초사마귀

---
* 이렇게 하면 감쪽같겠죠?

동물계의 발명가

야생에서 동물이 이용하는 기발한 도구 14

1. 창: 침팬지는 긴 막대를 이용해 다른 동물을 사냥하고 군대개미를 한데 모아 잡아먹어요.

2. 낚싯대: 갈라파고스핀치라는 새는 선인장의 가시를 낚싯대처럼 활용해 작은 물웅덩이에 사는 곤충들을 낚아채요.

3. 포크: 까마귀는 나무의 잔가지와 깃털 같은 뾰족한 물체를 이용해 곤충의 유충을 잡아먹어요.

4. 망치: 해달은 돌로 조개와 달팽이 같은 연체동물의 껍질을 깨서 그 안에 있는 먹이를 먹어요.*

5. 헬멧: 큰돌고래는 주둥이를 보호하기 위해 입에 해면을 문 채로 해저 모래 속에서 먹이를 찾아요.

6. 이쑤시개: 침팬지는 이빨 사이의 이물질을 제거하기 위해 나무의 잔가지를 이용해요.

7. 치실: 마카크원숭이 중 일부는 털을 이용해 이빨 사이에 낀 것을 빼낸다고 해요.

8. 방패: 문어는 포식자로부터 몸을 숨기기 위해 반으로 쪼개진 코코넛 껍질을 집어서 보호막을 쳐요.

9. 호루라기: 오랑우탄은 잎사귀를 입술에 물고 불어서 고음을 내는데, 이는 포식자들이 겁을 먹고 달아나도록 하기 위한 거예요.

10. 경보기: 코롤라거미는 굴의 출입구에 작은 자갈을 달아 놓아요. 근처에 다른 동물이 나타나면 경보음이 울리도록 말이에요.

11. 자: 고릴라는 물웅덩이를 지나갈지 말지 결정하기 전에 그 깊이를 가늠하기 위해 긴 막대기를 이용해요.

12. 우산: 오랑우탄은 커다란 나뭇잎을 이용해 비를 피해요.

13. 화장지: 오랑우탄은 이따금 엉덩이를 닦는 데도 나뭇잎을 써요.

14. 파리채: 코끼리는 나뭇가지를 당겨 잎을 벗겨내고, 적당한 길이로 잘라서 귀찮게 하는 곤충을 쫓아낸답니다.

---

* 일본에 사는 까마귀들도 견과류의 껍질을 깨서 안에 든 것을 먹는 놀라운 재주를 가지고 있어요. 이들은 견과류를 도로의 횡단보도에 떨어뜨린 뒤 자동차가 그 위로 지나갈 때까지 기다려요. 교통 신호가 바뀌어 차들이 멈추면 도로에 내려앉아 깨진 껍질 속에 있는 견과류를 모아서 먹는답니다.

누가 제일 똑똑해?

가장 똑똑한 개의 품종 10

캐나다 브리티시컬럼비아대학교의 교수이자 개 심리 전문가인 스탠리 코렌 교수는 다양한 견종의 지능을 가늠해 볼 수 있는 테스트를 개발했어요. 일명 '코렌 테스트'로 불리는 이것은 개의 3가지 지능을 측정해요. 첫째는 가축 몰이나 물건을 가져오는 것과 같은 훈련받은 임무의 수행 능력이에요. 두 번째는 뒤집힌 그릇 아래에 놓인 음식을 찾아 먹는 등의 스스로 문제를 해결하는 능력이에요. 세 번째는 사람의 명령을 순순히 따르는 능력이에요. 테스트 결과 최고 순위에 오른 품종은 다음과 같아요.*

1. 보더 콜리
2. 푸들
3. 저먼 셰퍼드
4. 골든 리트리버
5. 도베르만 핀셔
6. 셰틀랜드 쉽독
7. 래브라도 리트리버
8. 파피용
9. 로트와일러
10. 오스트레일리언 캐틀 도그

* 코렌 테스트에서 가장 낮은 점수를 받은 3가지 견종은 잉글리시불도그, 바센지(소형 수렵견), 아프간하운드예요.

동물의 세계

이 일을 부탁해!

쓸모 있는 동물 7

1. 쥐 잡는 고양이

일하는 곳: 영국의 총리 관저인 다우닝가 10번지에는 쥐를 잡는 일을 책임지는 고양이가 있어요. 이 고양이에게는 '총리 관저 수렵보좌관'이라는 공식 직책도 있답니다. 헨리 8세가 왕위에 올라 있던 1500년대에 처음 임명된 이후 지금까지 여러 마리의 고양이들이 쥐 잡는 일을 담당해 오고 있어요.

2. 질병 탐지견

일하는 곳: 개가 뛰어난 후각을 발휘해 사람의 질병을 감지하는 곳도 있어요. 검진이 가능한 질병으로는 암과 저혈당, 우울증 등이 있답니다.

3. 지뢰를 수색하는 쥐

일하는 곳: 땅속에 묻혀 있는 지뢰의 위치를 찾아내는 쥐들도 있답니다! 감비아주머니쥐를 지뢰 수색원으로 훈련시키는 데는 9개월이 걸려요. 보상으로는 주로 바나나를 주고요. 이 쥐는 지뢰를 찾는 즉시 그 자리에 멈춰서 땅을 빠르게 긁도록 훈련을 받아요. 그러면 조련사가 지뢰를 찾아내 해체하는 방식이지요. 이 쥐는 작고 가벼워서 혹여 지뢰를 밟더라도 터질 위험이 없답니다.

4. 생활을 돕는 꼬리감는원숭이

일하는 곳: 주방 가전제품을 켜고 끄고, 전화를 걸고, 손이 잘 닿지 않는 가려운 곳을 긁어 주고…… 이러한 일상적인 활동을 돕는 원숭이도 있어요. 신체 장애인이나 움직임에 제한이 있는 사람들을 돕는 것이지요. 꼬리감는원숭이(카푸친원숭이)를 생활 도우미로 훈련시키는 데는 3~5년 정도 걸려요.

5. 지붕의 풀을 깎는 양

일하는 곳: 북대서양에 있는 페로 제도에는 주택의 지붕을 뒤덮은 풀을 깎아 주는 양이 있어요. 섬 주민들은 집 안을 따뜻하고 쾌적하게 유지하기 위해 지붕에 잔디와 풀을 깔아 놓아요. 이후 잔디와 풀이 너무 길게 자라면 그 지역 양들이 지붕의 풀을 뜯어 먹고 깔끔하게 관리해 준답니다.

6. 시각 장애인의 길 안내를 돕는 작은 말

일하는 곳: 시각 장애인을 안전하게 이끄는 작은 말들도 있어요. 시각 장애인들이 혼잡한 거리와 도로를 지나다니고 세상을 탐색할 수 있도록 돕고 있지요. 이런 역할을 잘하기로 유명한 동물은 안내견이지만, 소형 말들도 차츰 인기를 높여 가고 있어요. 말이라는 동물은 본래 차분할 뿐만 아니라 집중력이 뛰어나 주의가 쉽게 흐트러지지 않거든요. 길 안내가 필요하지만 개에 알레르기가 있는 사람들에게 딱 알맞답니다.

7. 전기 기술자 흰담비

일하는 곳: 사람이 들어가기에는 너무 좁은 지하 터널에 들어가 전선과 케이블을 연결하는 일을 하는 동물도 있어요. 바로 특수 훈련을 받은 흰담비랍니다. 이들은 석유 송유관 건설을 돕기도 하고, 미국 콜로라도주 피터슨 공군 기지의 좁은 관에 들어가 전선을 잇기도 하며, 런던의 팝 콘서트 무대의 음향 및 조명 케이블을 연결하는 일을 하기도 해요.

동물의 세계 81

속도를 즐기는 동물들

육지에서 가장 빠른 동물 10

1. **치타**[*] – 시속 120킬로미터
2. **가지뿔영양(프롱혼)** – 시속 98킬로미터
3. **쿼터호스(단거리 경주마)**[**] – 시속 88킬로미터
4. **스프링복** – 시속 88킬로미터
5. **사자** – 시속 81킬로미터
6. **검은꼬리누** – 시속 81킬로미터
7. **인도영양** – 시속 80킬로미터
8. **그레이하운드(개의 한 품종)** – 시속 72킬로미터
9. **캥거루** – 시속 71킬로미터
10. **산토끼** – 시속 70킬로미터

---

[*] 치타는 정지 상태에서 단 3초 만에 시속 약 100킬로미터까지 속도를 높일 수 있어요.
스포츠카보다 가속에 걸리는 시간이 훨씬 짧지요.

[**] 쿼터호스는 미국에서 교배로 개량한 말의 한 품종으로, 단거리 경주에서 세계 최고 속도를 자랑해요.

지구력이 뛰어난 선수들

장거리 달리기를 잘하는 동물 5

동물의 왕국에서 짧은 거리를 가장 빠르게 달리는 선수는 치타예요. 하지만 체력을 기준으로 따져 보면 얘기가 달라진답니다. 훨씬 뛰어난 체력을 뽐내는 동물들이 있거든요. 이들은 더 긴 시간 동안 꽤 빠른 속도로 계속 달릴 수 있어요. 약 30킬로미터를 달리는 동안 최고의 평균 속도를 내는 동물을 순서대로 정리해 볼게요.

1. 타조 – 시속 48킬로미터
마라톤을 뛴다면 53분 만에 완주할 수 있을 거예요.*

2. 가지뿔영양(프롱혼) – 시속 48킬로미터
마라톤을 뛴다면 53분 만에 완주할 수 있을 거예요.

3. 낙타 – 시속 40킬로미터
마라톤을 뛴다면 1시간 3분 만에 완주할 수 있을 거예요.

4. 알래스칸허스키(썰매개) – 시속 24킬로미터
마라톤을 뛴다면 1시간 45분 만에 완주할 수 있을 거예요.

5. 말 – 시속 17킬로미터
마라톤을 뛴다면 2시간 30분 만에 완주할 수 있을 거예요.**

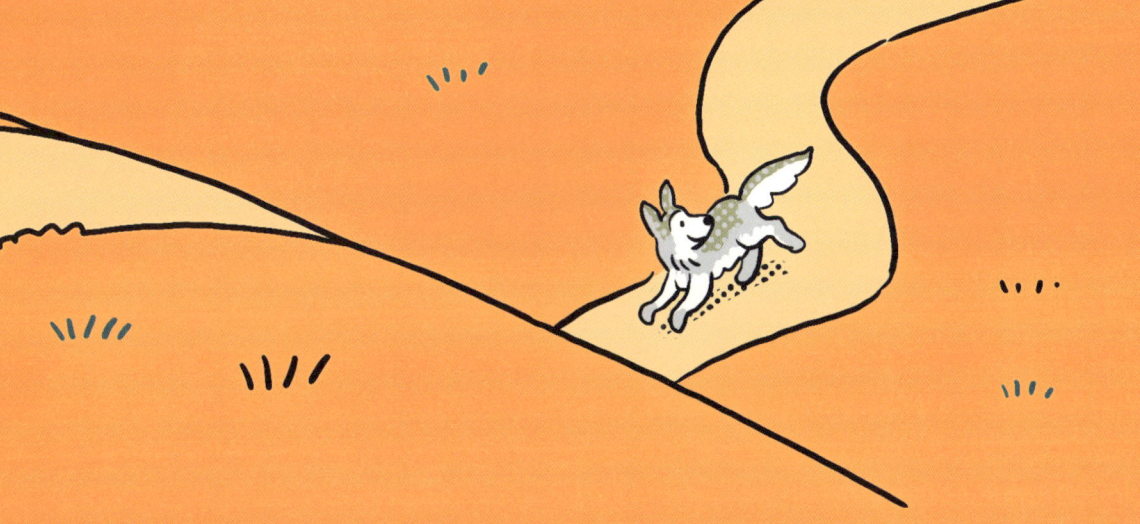

---

* 마라톤은 42.195킬로미터를 달리는 장거리 경주예요. 마라톤 경기에서 인간의 역대 최고 기록은 케냐의 엘리우드 킵초게가 세운 2시간 01분 39초(비공인대회 기록은 1시간 59분 40초)예요. 마라톤을 뛰는 동안 킵초게의 평균 속도는 시속 21킬로미터 정도였답니다.

** 영국 웨일스주의 한 마을에서는 매년 사람과 말이 겨루는 달리기 경주가 열려요. 35킬로미터를 뛰는 이 경주에서 사람이 이긴 적은 단 2번뿐이었어요. 제일 빨리 뛴 선수들도 일반적으로 말보다 약 10분 정도 늦게 결승선에 들어오곤 한답니다.

동물의 세계 **83**

지구에서 제일 힘센 동물들

몸무게 대비 힘이 가장 센 동물 6

1. 오리바티드 진드기
들 수 있는 무게: 자기 몸무게의 1180배
사람으로 치면: 구운콩 통조림 17만 7000개를 들어 올리는 셈이에요.*

2. 쇠똥구리
당길 수 있는 무게: 자기 몸무게의 1141배
사람으로 치면: 구운콩 통조림 17만 1150개를 끌어당기는 셈이에요.

3. 장수풍뎅이
들 수 있는 무게: 자기 몸무게의 850배
사람으로 치면: 구운콩 통조림 12만 7500개를 들어 올리는 셈이에요.

4. 잎꾼개미
들 수 있는 무게: 자기 몸무게의 50배
사람으로 치면: 구운콩 통조림 7500개를 들어 올리는 셈이에요.

5. 고릴라
들 수 있는 무게: 자기 몸무게의 10배
사람으로 치면: 구운콩 통조림 1500개를 들어 올리는 셈이에요.

6. 호랑이
들 수 있는 무게: 자기 몸무게의 2배
사람으로 치면: 구운콩 통조림 300개를 들어 올리는 셈이에요.

힘이 센 이 잎꾼개미는 자기보다 훨씬 큰 나뭇잎과 다른 생물을 들어 나를 수 있어요.

---

* 사람의 평균 몸무게 72킬로그램과 구운콩 통조림 무게 415그램을 기준으로 계산한 거예요.

높이 또는 멀리 뛰는 선수들

몸길이 대비 점프력이 가장 출중한 동물 8

1. 벼룩 – 자기 몸길이의 200배

사람으로 치면: 한 번의 도움닫기로 버스 33대를 합한 거리를 점프한 셈이에요.[*]

2. 청개구리 – 자기 몸길이의 150배

사람으로 치면: 축구 경기장 2개 반을 가로질러 점프한 셈이에요.

3. 깡충거미 – 자기 몸길이의 100배

사람으로 치면: 기차의 객차 10량을 합한 거리를 점프한 셈이에요.

4. 캥거루쥐 – 자기 몸길이의 27배

사람으로 치면: 대왕고래 2마리의 길이를 점프한 셈이에요. 북반구 대왕고래의 몸길이는 24~26미터랍니다.

5. 메뚜기 – 자기 몸길이의 20배

사람으로 치면: 농구장을 가로질러 점프한 셈이에요.

6. 임팔라 – 자기 몸길이이의 8배

사람으로 치면: 연이어 주차된 자동차 3대에 해당하는 거리를 점프한 셈이에요.

7. 눈표범 – 자기 몸길이의 6배

사람으로 치면: 쇼핑 카트 9개를 합한 거리를 점프한 셈이에요.

8. 캥거루 – 자기 몸길이의 6배

사람으로 치면: 버스 1대에 해당하는 거리를 점프한 셈이에요.

---

[*] 사람이 세운 멀리뛰기 최고 기록은 8.95미터예요. 미국의 육상 선수(멀리뛰기 종목) 마이크 파월의 기록으로, 그는 자기 키의 약 4.5배 거리를 뛰었답니다.

바람처럼 날아라!

공중에서 가장 빠른 동물 10

1. **송골매** – 시속 320킬로미터*
2. **검독수리** – 시속 241킬로미터
3. **흰매** – 시속 209킬로미터
4. **바늘꼬리칼새** – 시속 170킬로미터
5. **새호리기** – 시속 160킬로미터
6. **멕시코자유꼬리박쥐(똥박쥐)** – 시속 160킬로미터**
7. **군함조** – 시속 153킬로미터
8. **비둘기** – 시속 149킬로미터
9. **박차날개기러기** – 시속 142킬로미터
10. **회색머리알바트로스** – 시속 127킬로미터

송골매

---

* 매는 지구상에서 가장 빠른 동물로, 치타보다 2배 이상 빨라요.

** 이 목록에서 상위에 오른 새들의 최고 속도는 대체로 중력을 이용해 먹이를 향해 하강할 때의 속도예요. 가장 빠른 수평 비행(근력만 이용한 경우) 기록은 멕시코자유꼬리박쥐가 보유하고 있는데, 이 박쥐는 세상에서 가장 빠른 포유류이기도 해요.

어마어마한 무리

**최대 무리를 이루는 동물과
그 무리에 속한 개체 수**

1. 사막메뚜기 – 수십억 마리
사막메뚜기는 일반적으로 혼자 지내는 동물이에요.
하지만 식량이 부족해져 서로 뭉칠 수밖에 없게
되면, 몸의 색깔을 바꿔(갈색과 녹색에서 검은색
노란색으로) 수십억 마리가 떼로 모여들어서
단 몇 분 만에 들판의 초목을 초토화시킨답니다.

2. 청어 – 수십억 마리
어류 중에는 엄청난 규모로 떼를 지어서 함께
이동하는 종이 많아요. 그중에서도 붉은청어는
수십억 마리가 떼를 이루기도 하는데, 그 규모가
5세제곱킬로미터에 달하기도 해요.

3. 멕시코자유꼬리박쥐 – 수백만 마리
멕시코자유꼬리박쥐는 일반적으로 동굴에서
무리를 이루고 살아요. 이 박쥐 수백만 마리가
미국 텍사스주 오스틴에 있는 한 다리 아래에
살고 있답니다. 그 모습이 여행객들의 시선을
끌어 모으고 있지요.

4. 제왕나비 – 수백만 마리
미국에서는 매년 겨울 수천만 마리의 제왕나비가
더 따뜻한 곳을 찾아 남쪽으로 이동해요.
그중 일부는 멕시코를 향하고, 또 다른 일부는
캘리포니아 해안을 향해 날아간답니다.

5. 홍게 – 수백만 마리
인도양에 있는 크리스마스섬에서는 매년
약 4500만 마리의 홍게가 우림에서 쏟아져 나와
종종걸음으로 8킬로미터 정도를 이동해 바다로
가요. 바다에서 그들은 짝짓기 상대를 만나
많은 수의 새끼를 낳는답니다!*

6. 찌르레기 – 수천 마리
찌르레기는 종종 해질녘에 어마어마한 떼를
지어서 하늘을 날며 화려한 볼거리를 연출해요.
찌르레기 떼에는 수백 마리에서 수만 마리까지
포함되기도 해요.

* 홍게가 이동하는 시기에는 크리스마스섬으로 들어가는
도로 일부가 폐쇄돼요. 도로를 건너는 홍게들이 방해를
받거나 차에 깔릴 수도 있기 때문이에요.

동물의 세계 **87**

세계를 여행하는 동물들

육지와 바다, 하늘을 가로질러 장거리 이주에 나서는 동물 8

이주는 계절에 따라 동물들이 살 곳을 찾아 이동하는 것을 말해요. 동물이 이주에 나서는 이유는 다양해요. 먹이를 찾아 떠나기도 하고 짝짓기 상대를 만나 번식을 하기 위해 이동하기도 한답니다.

1.  **북극제비갈매기** – 9만 킬로미터

2.  **회색슴새** – 7만 4000킬로미터

3.  **북방코끼리물범** – 2만 1000킬로미터

4.  **장수거북** – 2만 400킬로미터

5.  **청새치** – 1만 4890킬로미터

6.  **제왕나비** – 7000킬로미터

7.  **북극여우** – 5900킬로미터

8.  **몽골가젤** – 3460킬로미터

오른쪽: 이 목록에 있는 동물 8종의 이주 경로를 나타낸 세계 지도예요. 동물 명칭 왼쪽의 동그라미에 칠해진 색깔을 세계 지도에 표시된 선들 중에서 찾아보세요. 그 동물이 어디로 이동하는지 알 수 있을 거예요.

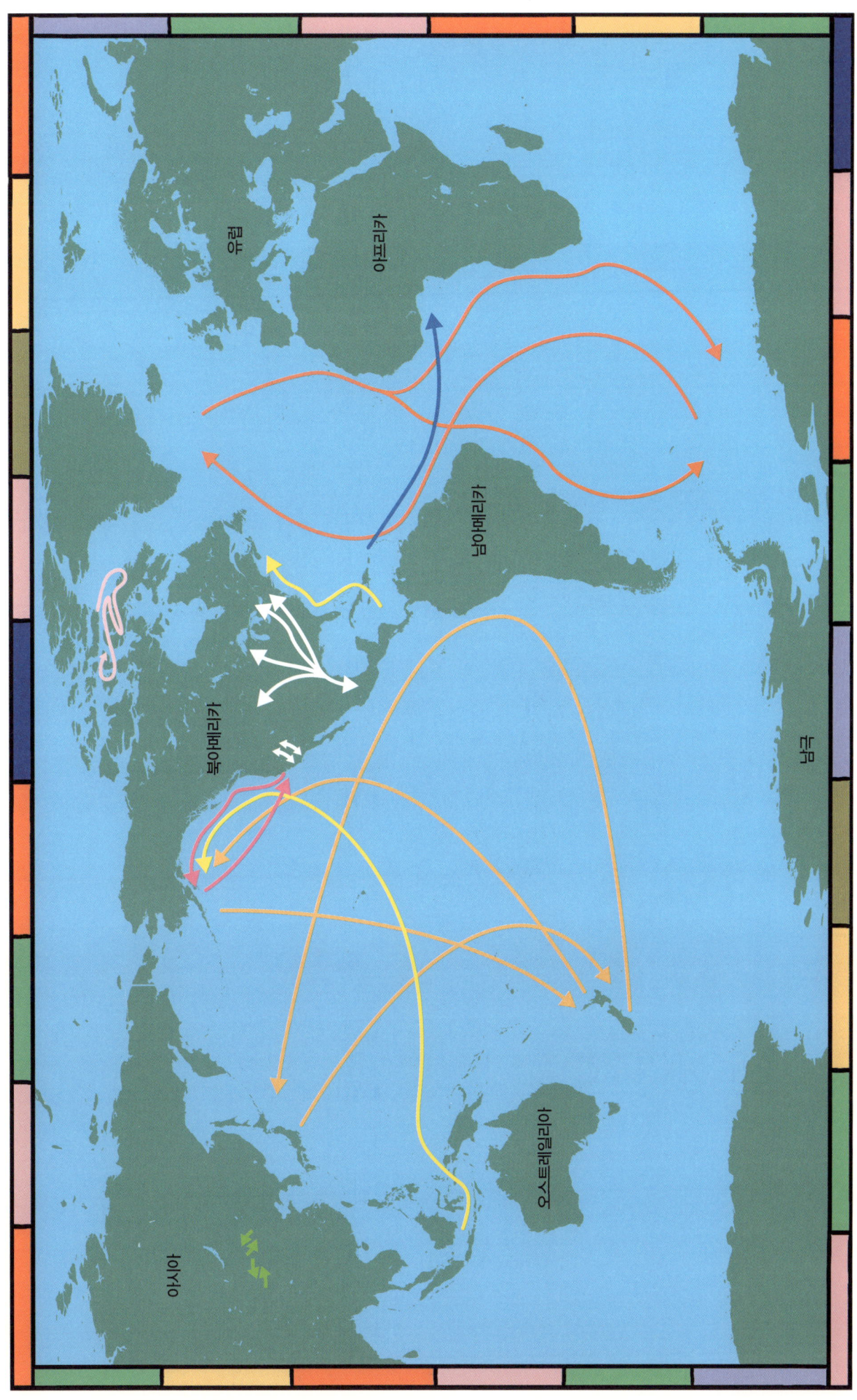

숫자로 알아보는 곤충의 세계

14억: 지구상에는 사람 1명당 14억 마리에 해당하는 곤충이 살고 있어요.*

4억: 곤충은 약 4억 년간 지구에서 살아왔어요. 곤충은 공룡과 종자 식물보다 더 일찍 지구상에 출현했답니다.

800만: 잎꾼개미는 800만 마리까지 하나의 집단을 이뤄 살기도 해요.

200만: 꿀벌이 큰 항아리 하나를 가득 채울 수 있을 만큼 꿀을 모으려면 꽃 200만 송이에 내려앉아야 해요.

150만: 지금까지 우리는 총 150만 종의 곤충을 찾아냈어요. 과학자들이 추정하기로, 아직 찾아내지 못한 곤충은 약 900만 종이나 된다고 해요.

4만: 여왕흰개미는 하루에 4만 개의 알을 낳을 수 있어요. 대략 2초마다 하나씩 낳는 셈이지요.

1만: 지구에서 살아가는 개미의 종수는 대략 1만 종이랍니다.

40: 전체 곤충의 40%는 딱정벌레예요.

6: 다 자란 곤충, 즉 성충은 6개의 다리를 가지고 있어요.

협동 작업

개미의 역할 분담과 그들이 하는 다양한 일

1. 여왕개미: 알을 낳아요. 단 며칠 사이에 최대 30만 개의 알을 낳는답니다.

2. 수컷 개미: 여왕개미와 짝짓기를 해요. 그러고 곧 죽고 말아요.

3. 암컷 일개미: 둥지를 짓고 관리하며 먹이를 찾아서 모으고 여왕개미와 그 새끼를 돌보고 외부의 공격으로부터 집단을 지켜요.

4. 날개 달린 수컷과 암컷 개미: 또 다른 터전을 만들기 위해 멀리 원정을 떠나요.*

왼쪽: 꿀벌은 나는 동안 몸에서 정전기가 발생해요. 꽃에 앉으면 이 정전기로 인해 꽃가루가 몸에 달라붙게 되지요.

* 지구상에 있는 곤충을 모두 합하면 그 무게가 사람 전체의 무게보다 약 70배 더 무겁답니다.

* 날아다니는 암컷 개미 중 살아남은 개체는 새로운 터전의 여왕개미가 돼요.

딱정벌레 백과!

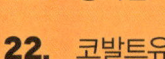
병대벌레

딱정벌레 100마리

이 세상은 딱정벌레로 가득 차 있어요. 딱정벌레는 그야말로 생명의 다양성을 보여 주는 놀라운 사례라고 할 수 있지요. 현재까지 밝혀낸 딱정벌레의 종수만 해도 30만~40만 개에 달해요. 그런데 일부 과학자들의 예상에 따르면, 무려 250만 종 이상을 더 찾아낼 수 있을 거라고 해요.*

1. 도토리밤바구미
2. 알팔파바구미
3. 개미뿔벌레
4. 꽃풍뎅이
5. 나무좀
6. 나무껍질좀벌레
7. 사슴벌레붙이
8. 바구미
9. 남가뢰
10. 가뢰
11. 핏빛코딱정벌레
12. 파란버섯벌레
13. 목화바구미
14. 폭탄먼지벌레
15. 천공충
16. 잔가지천공충
17. 송장벌레
18. 남방잎벌레
19. 유럽딱정벌레
20. 체크무늬딱정벌레
21. 방아벌레
22. 코발트유액벌레
23. 콜로라도감자잎벌레
24. 빗발톱딱정벌레
25. 아스파라거스잎벌레
26. 가구좀벌레
27. 붉은병대벌레
28. 가짜쌀도둑거저리
29. 오이잎벌레
36. 창고좀벌레
37. 티티오스왕장수풍뎅이
38. 깃날개깨알벌레
39. 반딧불이
40. 넓적나무좀
41. 톱가슴머리대장
42. 벼룩잎벌레
43. 꽃무지바구미
44. 나미브사막거저리
45. 과실벌레
46. 버섯바구미
47. 기린바구미**
48. 금자라남생이잎벌레
49. 곡물바구미
50. 배물방개붙이
51. 떡갈잎풍뎅이
52. 딱정벌레
53. 털보왕버섯벌레

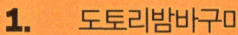
콜로라도 감자잎벌레

비단벌레

왕쇠똥구리

개정향풀 잎벌레

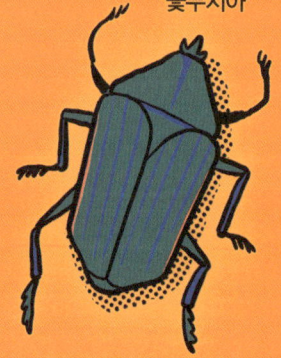
꽃무지아

---

* 실제로 지구에 있는 모든 동물 종의 4분의 1이 딱정벌레예요.

** 기린바구미는 곤충 중에서 가장 긴 목을 가지고 있어요. 전체 몸길이인 2.5센티미터의 절반 이상을 목이 차지한답니다.

 사슴벌레붙이

54. 롱기마누스앞장다리하늘소
55. 광대딱정벌레
56. 일본딱정벌레
57. 큰노랑테먼지벌레
58. 비단벌레
59. 6월딱정벌레
60. 황띠수시렁이
61. 잎벌레
62. 잎말이바구미
63. 도마뱀딱정벌레
64. 장수하늘소
65. 갈색거저리
66. 녹색광택비단벌레
67. 미노타우로스 쇠똥구리
68. 뉴욕바구미
69. 하늘소붙이
70. 감자잎벌레
71. 가루나무좀
72. 물방개붙이
73. 붉은점박이장수하늘소
74. 장수풍뎅이
75. 반날개
76. 밑빠진벌레
77. 애기뿔쇠똥구리
78. 칠성무당벌레
79. 큰넓적송장벌레
80. 청동풍뎅이

81. 실크빛버섯벌레
82. 암검은수시렁이
83. 병대벌레
84. 동굴표본벌레
85. 점박이아스파라거스잎벌레
86. 점박이오이잎벌레
87. 사슴벌레
88. 쑥국화잎벌레
89. 전신주딱정벌레
90. 길앞잡이
91. 타이탄하늘소
92. 남생이잎벌레
93. 왕바구미
94. 꽃벼룩
95. 애알락수시렁이
96. 바이올린딱정벌레
97. 물땡땡이
98. 밀바구미
99. 물맴이
100. 황하늘소

 파란 버섯벌레

 장수하늘소

 미노타우로스 쇠똥구리

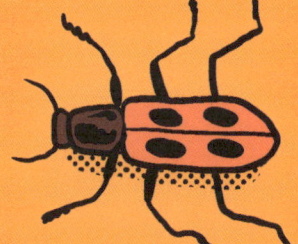 오이잎벌레

 기린바구미

체크무늬 딱정벌레

동물의 세계 93

기이한 벌레들

수백만 년 전 지구를 공포에 떨게 한 초대형 생물 6

선사 시대에는 오늘날보다 지구 대기에 산소가 더 많았어요. 일부 과학자들은 이런 충분한 산소 덕분에 곤충류나 갑각류 등이 현재의 유사한 생물보다 훨씬 더 크게 자랄 수 있었다고 생각해요. 지금 생각해 보면 괴물 같은 크기지만 말이에요.

1. 아노말로카리스 – 지금의 새우보다 25배 더 컸어요.

크기: 몸길이 약 2미터

살았던 시기: 4억 9000만 년 전

아노말로카리스는 오징어와 거대 새우를 합쳐 놓은 듯한 이상한 모습에 큰 눈을 가진 수중 포식자였어요. 입 앞쪽으로 뻗어 있는 2개의 촉수 같은 줄기를 이용해 먹잇감을 끌어당겨 날카로운 이빨로 잡아먹었답니다.

2. 야이켈롭테루스 – 지금의 전갈보다 40배 더 컸어요.

크기: 몸길이 2.4미터

살았던 시기: 3억 9000만 년 전

야이켈롭테루스는 해저를 휘저으며 먹이를 사냥하는 초대형 바다전갈이었어요. 과학자들은 선사 시대의 어류들이 이 엄청난 포식자로부터 자기 몸을 보호하기 위해 뼈로 된 갑옷을 진화시켰다고 생각해요.

3. 아르트로플레우라 – 지금의 노래기보다 100배 더 컸어요.

크기: 몸길이 2.6미터 이상

살았던 시기: 약 3억 년 전

지네나 노래기를 떠올려 보세요. 이제 악어만큼 큰 생물을 상상해 보세요. 그러면 머나먼 옛날 육지에 살았던 가장 큰 무척추동물*아르트로플레우라와 만나게 될 거예요. 안심하세요. 이 거대한 노래기는 식물만 먹었거든요.

4. 메가네우라 – 지금의 잠자리보다 12배 더 컸어요.

크기: 몸길이가 43센티미터였으며, 날개는 훨씬 더 커서 활짝 펼치면 70센티미터나 되었답니다.**

살았던 시기: 2억 9800만 년 전

괴물처럼 보이는 이 잠자리는 아마도 역사상 가장 큰 곤충이었을 거예요. 그 크기를 감안해 볼 때 어쩌면 개구리와 다람쥐 같은 동물도 잡아먹었을지도 몰라요.

* 무척추동물은 곤충과 게, 벌레처럼 척추가 없는 동물을 말해요.
** 오늘날의 잠자리처럼 메가네우라는 앞날개와 뒷날개를 따로 펄럭일 수 있어서 공중에서 앞뒤로 날 수 있었어요.

죠스가 나타났다!
초대형 상어 10

1. 고래상어 – 13.7미터*
2. 돌묵상어 – 12.3미터
3. 그린란드상어 – 7.3미터
4. 태평양잠꾸러기상어 – 7미터
5. 백상아리 – 6.4미터
6. 큰귀상어 – 6.1미터
7. 환도상어 – 6미터
8. 뱀상어 – 5.5미터
9. 신락상어 – 4.8미터
10. 큰눈환도상어 – 4.6미터

자그마한 상어들
초소형 상어 10

1. 난쟁이랜턴상어 – 17센티미터
2. 그린랜턴상어 – 23센티미터
3. 아프리카랜턴상어 – 24센티미터
4. 넓은코괭이상어 – 24센티미터
5. 가시피그미상어 – 25센티미터
6. 피그미상어 – 27센티미터
7. 가시랜턴상어 – 27센티미터
8. 가시줄상어 – 28센티미터
9. 킨코피그미상어 – 28.5센티미터
10. 짧은꼬리랜턴상어 – 42센티미터

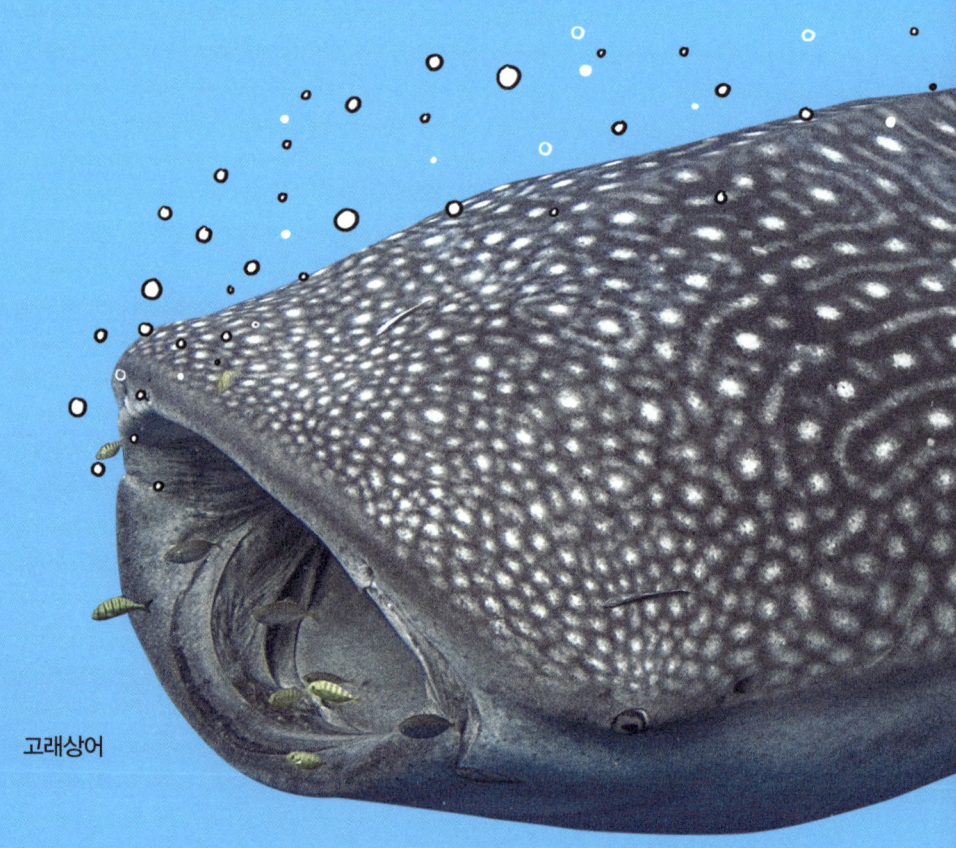

고래상어

* 고래상어는 세상에서 제일 큰 상어로 길이가 버스만 해요. 이 상어와 마주치더라도 겁먹을 필요는 없어요. 플랑크톤 같은 아주 작은 해양 동물만 먹고살거든요.

대왕고래 속으로

숫자로 알아보는 대왕고래

4000만: 대왕고래는 하루에 크릴새우 4000만 마리를 먹을 수 있어요.

16만: 대왕고래의 무게는 16만 킬로그램으로, 사람 2350명 또는 아프리카코끼리 20마리와 거의 맞먹어요.

2만 5000: 지구의 바닷속에는 약 2만 5000마리의 야생 대왕고래가 살고 있어요.

5000: 대왕고래는 호흡을 통해 5000리터의 공기를 빨아들일 수 있어요. 성인이 흡입할 수 있는 공기의 양은 6리터랍니다.

180: 대왕고래의 심장 무게는 180킬로그램이에요.*

90: 대왕고래의 새끼는 매일 90킬로그램씩 몸무게가 늘어요. 하루 사이에 성인의 몸무게보다 더 무거워지는 셈이지요.

80~90: 대왕고래의 수명은 80~90년이에요.

30: 대왕고래의 몸길이는 약 30미터로, 보잉 737 비행기 길이만 해요

* 대왕고래의 혈관은 여러분이 헤엄쳐서 지나갈 수 있을 정도로 굉장히 넓어요.

동물의 세계 **97**

사라진 동물 친구들

최근에 멸종된 동물 100

야생 동물 관련 단체들은 멸종 위기에 처한 동물을 조사해 그들이 얼마나 남아 있는지 계속 확인하고 있어요.* 하지만 곤충과 어류, 조류 및 작은 동물들을 찾아내 계속 추적하기란 쉽지 않은 일이지요. 연구자들은 최선을 다해 멸종 위기종과 이미 멸종된 동물의 목록을 작성하고 있지만, 후속 연구를 통해 간혹 이 목록 중에서 오류가 발견되기도 해요. 현재 멸종 상태로 간주되는 동물 100종만 살펴보기로 해요.

1. 에인스워스 도롱뇽
2. 알라고아스잎참새(조류)
3. 미국밤나방
4. 아틀라스불곰
5. 발리호랑이
6. 바바리사자
7. 큰귀껑충쥐
8. 블랙핀시스코연어(어류)
9. 블루월아이(어류)
10. 오가사와라큰박쥐
11. 브램블 케이 멜로미스(설치류)
12. 넓은얼굴쥐캥거루(유대류)
13. 부발하테비스트(영양)
14. 불독쥐
15. 칸당고쥐
16. 케이프사자
17. 카보베르데도마뱀
18. 캡틴쿡빈달팽이
19. 카리브해몽크물범
20. 캐롤라이나앵무
21. 캐스케이드깔때기그물거미
22. 카스피호랑이
23. 캐슬호수굴뚝날도래(곤충)
24. 카타리나송사리
25. 크리스마스섬집박쥐
26. 코아킨도둑개구리
27. 초승달발톱꼬리왈라비
28. 신비화덕딱새(조류)
29. 짙은날여우박쥐
30. 사막쥐캥거루
31. 듀랑고샤이너(어류)
32. 동부와피티사슴(엘크)
33. 동부토끼왈라비
34. 포클랜드늑대
35. 자이언트흡혈박쥐
36. 황금두꺼비
37. 우아한 프리아펠라(어류)
38. 그라벤치송어(어류)
39. 큰바다쇠오리(조류)
40. 귄터유선개구리
41. 구순열빨판물고기(어류)
42. 뉴잉글랜드초원뇌조
43. 훌라도미(어류)
44. 갈라파고스쥐
45. 인도차이니즈워티피그
46. 일본바다사자

* 지구상의 모든 포유동물 중 약 4분의 1이 현재 멸종 위기에 처해 있는 것으로 추정돼요.

47. 자바호랑이
48. 카웨카웨아우(도마뱀)
49. 코나큰자나방
50. 페더호지렁이
51. 웃는올빼미
52. 레이산꿀빨이새(조류)
53. 작은빌비(유대류)
54. 레부아나나방
55. 베가스표범개구리
56. 모리셔스숲비둘기
57. 글로리어스산급류개구리
58. 마타파오산달팽이
59. 나배사코뿔소이구아나
60. 담수진주홍합(연체동물)
61. 뉴질랜드사루기(어류)
62. 노퍽찌르레기(조류)
63. 북부위부화개구리
64. 오하우나무달팽이
65. 파라다이스앵무
66. 나그네비둘기
67. 페나스코얼룩다람쥐
68. 돼지발반디쿠트(포유류)
69. 핀타섬땅거북**
70. 푸에르토리코후티아(설치류)
71. 피레네아이벡스
72. 콰가(얼룩말을 닮은 포유류)
73. 랩스청개구리

74. 리들리대벌레
75. 로키산메뚜기
76. 로드리게스땅거북
77. 라운드섬땅굴보아
78. 샌드힐스가재
79. 샤르데나우는토끼
80. 숌부르그사슴
81. 세인트폴섬도마뱀
82. 샴납작수염메기
83. 은색송어
84. 세인트헬레나좀잠자리
85. 검댕민물가재(Sooty crayfish)
86. 안경가마우지(조류)
87. 남부위부화개구리
88. 스티븐스굴뚝새
89. 세인트헬레나집게벌레
90. 시리아야생당나귀
91. 태즈메이니아늑대
92. 테코파펍피시(어류)
93. 굵은꼬리처브(어류)
94. 얼룩왈라비
95. 베트남코뿔소
96. 서부검은코뿔소
97. 흰발토끼쥐
98. 서세스블루
99. 북미황지느러미송어
100. 윈난호수도롱뇽

** 마지막으로 남아 있던 핀타섬땅거북이는 보호 구역의 철창 안에서 사육되다가 2012년 100세의 나이로 죽고 말았어요. 이 거북이의 이름은 '외로운 조지'였답니다.

세상에 이름을 떨친 동물들

역사에 남은 동물 10

1. '인시타투스'라는 말 (서기 41년)
일부 역사가들에 의하면, 고대 로마의 황제 칼리굴라는 자신의 말 '인시타투스'를 너무나 사랑한 나머지 가장 중요한 직책 중 하나인 집정관에 임명하려고 했다고 해요.

2. '클라라'라는 코뿔소 (1740년대)
네덜란드의 한 무역회사 사장이 선물로 받은 코뿔소가 유럽인들의 관심을 한몸에 받은 적이 있어요. '클라라'라는 이름의 이 코뿔소는 유럽 사회에서 대중이 실제로 접한 최초의 코뿔소였거든요.*

3. 볼프강 아마데우스 모차르트의 찌르레기 (1780년대)
오스트리아의 이 작곡가는 찌르레기를 훈련시켜 자신이 만든 악보를 노래하게 했답니다.

4. 바이런 경의 곰 (1800년대)
영국의 철학자이자 작가인 고든 바이런 경은 케임브리지대학교에 길들인 곰을 데려갔어요. 학교에서 개를 데려오는 것을 허락하지 않았기 때문이에요.

5. '폴'이라는 앵무새 (1840년대)
미국의 제7대 대통령 앤드루 잭슨의 애완 앵무새 폴은 무례한 말을 반복하는 것으로 유명했어요.

6. 올리어리 부인의 소 (1870년대)
운이 지지리도 없는 이 소는 랜턴을 발로 차서 우리가 불에 타는 바람에 1871년 시카고 대화재를 일으켰다는 이유로 수년간 비난을 받았답니다.**

7. '셰르 아미'라는 이름의 비둘기 (1910년대)
셰르 아미('친구'라는 뜻)는 제1차 세계 대전 당시 고립되어 있던 미군의 목숨을 구해 주었어요. 그 군인들의 위치에 대한 자세한 정보를 적의 전선을 뚫고 미군 본부에 전달해 주었거든요. 이 용기를 인정받아 셰르 아미는 프랑스의 무공 십자훈장을 수여받았답니다.

8. '하치코'라는 개 (1920년대)
일본의 토종 견종인 '아키타'는 주인에게 충직하기로 유명해요. 이 아키타견에 속하는 '하치코'는 퇴근하는 주인을 맞이하러 매일 역에 나가곤 했어요. 주인이 죽은 후에도 9년간 매일 역에 나가 주인을 기다렸다고 해요.

9. 가라앉지 않는 고양이 '샘' (1940년대)
제2차 세계 대전 당시 화제를 모았던 고양이도 있어요. '샘'이라는 이름의 고양이는 적의 공격으로 침몰된 전함 3척에 모두 탑승해 있었어요. 하나는 독일 전함이었고, 다른 2척은 영국의 전함이었다고 해요. 이게 사실이라면 샘은 3번이나 침몰한 배의 잔해를 타고 무사히 살아남았던 셈이에요. 샘의 초상화는 런던에 있는 국립해양박물관에 전시되어 있답니다.***

10. '심술난 고양이' (2010년대)
이 고양이의 원래 이름은 '타르다르 소스'예요. 잔뜩 찌푸린 표정의 이 고양이는 인터넷상에서 사진이 수백만 번 공유되면서 세계적으로 유명해졌어요. 그런데 사실 이 독특한 표정은 2가지 건강 문제로 인한 것이었어요. '앞니반대교합(입안의 치아 문제)'과 '고양이 왜소증' 때문에 이런 표정을 짓고 있었던 거예요. 표정과 달리 이 고양이는 정말로 행복했을 것 같아요.

---

* 당시 클라라의 엄청난 인기는 파리에 새로운 패션 붐을 일으킬 정도였어요. 파리의 여성들은 코뿔소의 뿔처럼 생긴 리본이나 깃털로 머리를 장식하곤 했답니다.

** 하지만 역사가들의 생각에 의하면, 당시 화재를 일으킨 범인은 대니얼 설리번이라는 사람이에요. 1997년 시카고 시의회는 그 사실을 인정하며 정식으로 사과했어요.

*** 샘을 구한 사람들에 의하면, 침몰된 배에서 3번째 구조되면서 이 고양이는 '화를 내긴 했지만 다친 곳은 거의 없었다'고 해요.

심술난 고양이

동물에 대한 착각

널리 알려져 있지만 사실이 아니라고 판명된 동물에 관한 뜬소문 15

1. 개는 흑백으로만 본다? 아니에요! 개들은 빨간색은 볼 수 없지만 노란색, 파란색, 회색은 알아볼 수 있어요.

2. 타조는 겁을 먹으면 머리를 모래 속에 파묻고 숨는다? 아니에요! 타조는 나무에 둥지를 만들지 못해요. 대신에 땅을 파고 알을 낳아요. 때때로 알을 주변으로 옮기기 위해 그 구멍에 머리를 집어넣는 경우가 있는데, 아마도 그래서 이런 말이 생겨난 것 같아요.

3. 박쥐는 눈이 보이지 않는다? 아니에요! 박쥐들이 길을 찾기 위해 '반향 위치 측정'이라는 감각 체계를 이용하는 건 사실이지만, 그들은 볼 수도 있어요.

4. 개미핥기는 긴 코로 개미를 빨아들인다? 아니에요! 개미핥기는 끈적끈적한 혀로 개미들을 핥아 먹어요.

5. 사람은 잠을 자는 동안 실수로 1년에 8마리의 거미를 삼킨다? 아니에요! 그런 일이 아예 없다고 할 순 없지만, 우리가 잠을 자는 동안 거미가 굳이 우리 입에 들어올 리는 없어요.

6. 집게벌레는 사람의 귓속에 알을 낳는다? 아니에요! 집게벌레는 촉촉한 흙이나 나무껍질 아래에 알을 낳기를 좋아해요.

7. 쥐는 치즈를 좋아한다? 아니에요! 쥐도 치즈를 먹긴 하지만 사실은 단 음식을 훨씬 더 좋아해요.

8. 황소는 빨간색을 보면 화를 낸다? 아니에요! 아마도 스페인에서 투우사가 황소 앞에서 빨간 망토를 휘두르는 모습에서 이런 생각이 비롯된 것 같아요. 연구에 의하면 황소가 돌진하는 이유는 망토의 색깔 때문이 아니라 망토가 빠르게 펄럭이기 때문이에요.

9. 모든 벌은 침을 한 번 쏘고 나면 죽는다? 아니에요! 꿀벌은 실제로 그렇지만 다른 종의 벌들에게는 해당되지 않는 이야기예요.

10. 칠면조는 날 수 없다? 아니에요! 일반적으로 90미터 이상 날아서 이동할 수는 없지만 시속 88킬로미터의 속도로 날 수는 있어요.

11. 늑대들은 달을 보면 울부짖는다? 아니에요! 늑대가 밤에 울부짖는 이유는, 이들이 가장 활발한 시간대가 밤이기 때문이에요.

12. 낙타는 혹에 물을 싣고 다닌다? 아니에요! 낙타의 혹에는 지방이 저장되어 있어서 낙타는 음식을 먹지 않고도 사막에서 며칠 동안 살아남을 수 있답니다.

13. 올빼미는 머리를 360도 돌릴 수 있다? 아니에요! 360도는 아니지만 270도 정도까지는 돌릴 수 있어요.

14. 금붕어는 1초 전에 일어난 일도 기억하지 못한다? 아니에요! 사실 금붕어는 비교적 기억력이 좋아요. 과학자들이 진행한 실험에 의하면, 금붕어는 작은 레버를 조작하고 주인을 알아보고 수중 미로를 빠져나가는 등의 기억력 훈련을 성공적으로 수행한 적이 있어요.

15. 고양이는 기분이 좋을 때만 가르릉거린다? 아니에요! 고양이들은 배가 고프거나 불편하거나 부상에서 회복 중일 때도 가그릉거려요. 전문가들에 따르면, 가르릉거리는 횟수가 적은 것이 오히려 뼈의 강도와 건강에 더 유익할 수도 있다고 해요.

Chapter 1 공룡 시대

10–11쪽	'The Dino Directory', www.nhm.ac.uk; Dinosaurs–a Visual Encyclopedia (DK, 2018)
12–13쪽	Bagley, Mary, 'Permian Period: Climate, Animals & Plants', www.livescience.com; Mitchell Crowe, James, 'Before the Dinosaurs', www.cosmosmagazine.com
14쪽	Pavid, Katie, 'Fossils Provide Evidence of Oldest Animal Life', www.nhm.ac.uk; David, Josh, 'Shark Evolution: a 450 Million Year Timeline', www.nhm.ac.uk; Brauner, Emily, 'These Prehistoric Ocean Animals Are Still Around Today', www.oceanconservancy.org
15쪽	Schultz, Colin, 'Long Before Trees Overtook the Land, Earth Was Covered by Giant Mushrooms', www.smithsonianmag.com; 'A Guide to Prehistoric Plants', www.edenproject.com
16–17쪽	Yong, Ed, 'How Many Types of Dinosaurs Were There?, www.nationalgeographic.com; Halstead, Beverly (Ed.). Modern Geology (Gordon and Breach Science Publishers, 1991)
18–19쪽	Kaplan, Matt, 'How Does Your Dinosaur Smell?', www.nature.com; Switek, Brian, 'Claws, Jaws and Spikes: the Science of the Dinosaur Arsenal', www.wired.com; 'Tail Whips and Face Bites', www.nationalgeographic.com; Strauss, Bob, 'Understanding Dinosaur Combat', www.thoughtco.com; Black, Riley, 'The Tyrannosaurs Rex's Dangerous and Deadly Bite', www.smithsonianmag.com
20–21쪽	Montanari, Sharna, 'The Eight Deadliest Dinosaurs', www.forbes.com; Dinosaurs–a Visual Encyclopedia (DK, 2018)
22쪽	'The Dino Directory', www.nhm.ac.uk; 'Plesiosaur', www.britannica.com; Dinosaurs–a Visual Encyclopedia (DK, 2018)
23쪽	Greshko, Michael, 'Bizarre Spinosaurs Makes History as First Known Swimming Dinosaur', www.nationalgeographic.com
24쪽	'Titanosaurs: 8 of the World's Biggest Dinosaurs', www.britannica.com; Geggel, Laura, 'What's the World's Largest Dinosaur?', www.livescience.com
25쪽	Strauss, Bob, 'The 19 Smallest Dinosaurs and Prehistoric Animals', www.thoughtco.com
26–27쪽	Sykes, Ben, '17 Unusual, Bizarre, and Downright Weird Dinosaurs', www.sciencefocus.com; Strauss, Bob, 'The Top 10 Weirdest Dinosaurs', www.thoughtco.com
28–29쪽	'10 Things We Got Wrong About Dinosaurs', www.bbc.co.uk; Hecht, Jeff, 'Egg-stealing Dinosaur Was Innocent', www.newscientist.com; Strauss, Bob, 'The Biggest Dinosaur Blunders', www.thoughtco.com
30쪽	'Walking with Dinosaurs', www.bbcearth.com; Ohio University, 'Researchers Determine Dinosaur Replaced Teeth as Fast as Sharks', www.phys.org
31쪽	Dates, K.T., Falkingham, P.L., 'Estimating Maximum Bite Performance in Tyrannosaurus rex Using Multi-Body Dynamics', www.ncbi.nlm.nih.gov; Anderson, Philip S.L., Westneat, Mark W., 'Feeding Mechanics and Bite Force Modeling of the Skull of Dunkleosteus terrelli, and Ancient Apex Predator', www.ncbi.nlm.nih.gov; Henderson, Donald M., Nicholls, Robert, 'Balance and Strength-Estinating the Maximum Prey-Lifting Potential of the Large Predatory Dinosaur Carcharodontosaurus saharicus', ww

	w.anatomypubs.onlinelibrary.wiley.com; Strauss, Bob, 'The 10 Strongest Bites in the Animal Kingdom', www.thoughtco.com
32-33쪽	'Tyrannosaur', www.britannica.com; Castro, Joseph, 'Tyrannosaurus Rex: Facts About T.Rex, King of the Dinosaurs', www.livescience.com
34쪽	'The Dino Directory', www.nhm.ac.uk; Dinosaurs-a Visual Encyclopedia (DK, 2018)
35쪽	Osterloff, Emily, 'Could Scientists Bring Dinosaurs Back to Life?', www.nhm.ac.uk; Geggel, Laura, 'Is it Possible to Clone a Dinosaur?', www.livescience.com; Daley, Jason, '1.7-Million-Year-Old Rhino Tooth Provides Oldest DNA Data Ever Studied', www.smithsonianmag.com
36쪽	Sellers, William Irvin, Manning, Philip Lars, 'Estimating Dinosaur Maximum Running Speeds Using Evolutionary Robotics', www.ncbi.nlm.nih.gov; 'The Dinosaur Race', www.bbc.co.uk
37쪽	'The Dino Directory', www.nhm.ac.uk; Dinosaurs-a Visual Encyclopedia (DK, 2018)
38쪽	Udurawane, Vasika, 'Quetzalcoatlus, the Largest Flying Animal of All Time', www.eartharchives.org; Simon, Matt, 'The 16-Foot-Tall Reptilian Stork that Delivered Death Instead of Babies', www.wired.com
39쪽	'Feather Evolution', www.emilywilloughby.com
40-41쪽	Dinosaurs-a Visual Encyclopedia (DK, 2018); 'Dinosaur Reproduction', www.enchantedlearning.com
42-43쪽	Dinosaurs-a Visual Encyclopedia (DK, 2018)
44-45쪽	Osterloff, Emily, 'Dinosaur Footprints: How Do They Form and What Can They Tell Us?', www.nhm.ac.uk; Strauss, Bob, 'Step Through Time with Dinosaur Footprints and Trackmarks', www.thoughtco.com
46-47쪽	Skinner, Curtis, 'Dueling Dinosaur Bones Could Set Fossil Auction Record', www.reuters.com; Warwick-Ching, Lucy, 'The Dinosaurs Being Snapped Up by the Wealthy', www.ft.com
48-49쪽	Benton, Michael, The Dinosaurs Rediscovered (Thames & Hudson, 2020); 'How Long Did a T.rex Live?', www.amnh.org
50-51쪽	Wenz, John, '9 Fossils and Finds That Were Total Fakes', www.popularmechanics.com; Black, Riley, 'Oop! Dinosaur Find Actually Fossilized Wood!', www.Smithsonianmag.com; 'The Beringer Hoax', www.archive.archaeology.org
52쪽	Brusatte, Steve, The Rise and Fall of the Dinosaurs (Picador, 2019); Black, Riley, 'The Top Ten Weirdest Dinosaur Extinction Ideas', www.smithsonianmag.com; 'Why Did the Dinosaurs Die Out?', www.history.com
53쪽	Brusatte, Steve, The Rise and Fall of the Dinosaurs (Picador, 2019)
54-55쪽	Pavid, Katie, 'How Dinosaurs Evolved into Birds', www.nhm.ac.uk

Chapter 2 동물의 세계

58-59쪽	Venner, James, 'Longevity: a Look at the Shortest and Longest Lives in the Animal Kingdom', www.zooportraits.com; 'Top 10 Shortest Living Animals in the World', www.themysteriousworld.com; 'An Age: the Animal Ageing and Longevity Database', www.genmics.senescence.info/species; Bittel, Jason, 'Healthy Diet Helps 183-Year-Old Tortoise Feel Young Again', www.nationalgeographic.com
60쪽	Palmer, Jane, 'The Creatures That Can Survive Without Water for Years', www.bbc.co.uk; '10 Animals

	That Can Live Without Food and Water for Months', www.timesofindia.com
61쪽	Nowak, Claire, '11 Monogamous Animals That Mate for Life', www.rd.com; Langley, Liz, 'These Animals Spawn the Most Offspring in One Go', www.nationalgeographic.com; Davies, Ella, 'One Animal Has More Babies Than Any Other', www.bbc.co.uk
62-63쪽	Bailey, Regina, 'Mutualism: Symbiotic Relationships', www.thoughtco.com; 'Mutualism Examples: Relationships That Work Together', www.examples.yourdictionary.com
64-65쪽	Bates, Mary, '5 Animals That Are Awesome Architects', www.nationalgeographic.org; Griggs, Mary Beth, Hernamdez, Daisy, '10 Amazing Architects of the Animal Kingdom', www.popularmechanics.com; McNabb, Max, 'The Giant Spider Web That Swallowed Up Trees in Texas', www.texashillcountry.com
66-67쪽	Davies, Ella, 'The World's Loudest Animals Might Surprise You', www.bbc.co.uk; Hsiao, Patrick, 'The 10 Loudest Animals on Earth', www.australiangeographic.com.au
68-69쪽	Gentle, Louise, 'Five Comic Book Superpowers That Really Exist in Animals', www.theconversation.com; 'Extraordinary Animals with Real Superpowers', www.bbc.co.uk
70쪽	Langley, Liz, '5 of Nature's Weirdest Tongues', www.blog.nationalgeographic.org; McGarry, Anthony, '7 Fascination Facts You (Probably) Don't Know About Okapi', www.discoverwildlife.com
71쪽	Pavid, Katie, 'Amazing Eyes: 17 Vision Champions', www.nhm.ac.uk; DeRemer, Susan, '32 Facts About Animal Eyes', www.discoveryeye.org
72쪽	Caruso, Nick and Rabaiottie, Dani, Does It Fart?: The Definitive Field Guide to Animal Flatulence (Quercus, 2017)
73쪽	McFadden, Christopher, '7 Animals to Identify by Their Characteristic Poop', www.interestingengineerig.com; Guarino, Ben, '9 Quirky Animals with Very Special Ways of Pooping', www.thedodo.com; '29 Fantastic Animal Poop Facts', www.certapet.com
74쪽	'How Much Do Animals Sleep?', www.faculty.washington.edu; Wong, Sam, 'Elephants Sleep for Just 2 Hours a Day-the Least of Any Mammal', www.newscientist.com
75쪽	'8 Animals That Suck (Blood)', www.britannica.com; Gorvett, Zaria, 'Nine Creatures That Drink the Blood of Other Animals', www.bbc.co.uk
76쪽	McFadden, Christopher, '11 of the Greatest Defense Mechanisms in Nature', www.interestingengineering.com
77쪽	'8 Animals That Are Masters of Deception', www.earthtouchnews.com
78쪽	Choi, Charles Q. '10 Animals That Use Tools', www.livescience.com; 'Top 10 Smartest Animals', www.animals.howstuffworks.com
79쪽	Coren, Sranley, The Intelligence of Dogs: a Guide to the Thoughts, Emotions, And Inner lives of Our Canine Companions (Bantam Books, 1995)
80-81쪽	'7 Animals with Jobs', www.britannica.com; '10 Downing Street: Larry, Chief Mouser to the Cabinet Office', www.gov.uk/government/history; 'Ferrets Save Millennuim Convert', www.news.bbc.co.uk
82쪽	Neilson, B.D. et al. 'Racing Speeds of Quarter Horses, Thoroughbreds and Arabians', www.pubmed.ncbi.nlm.nih.gov
83쪽	Resnick, Brian, 'The Animal Kingdom's Top Marathoners', www.popularmechanics.com; Latham-Coyle, Harry, 'Eliud Kopchoge Breaks Tow-Hour Marathon Barrier in Historic Ineos 1:59 Challenge', www.independent.co.uk
84쪽	Davies, Ella, 'The World's Strongest Animal Can Lift Staggering Weights', www.bbc.com; 'Top 10 Strongest Animals', www.onekindplanet.org

85쪽	'Hightest Jump by an Insect', www.guinessworldrecords.com; 'Top 10 Highest Jumpers', www.onekindplanet.org
86쪽	'Astonishing Flying Speed', www.incrediblebirds.com; DiLonardo, Mary Jo, '10 of the World's Fastest Birds', www.treehugger.com
87쪽	Bates, Mary, 'Strength in Numbers – 5 Amazing Animal Swarms', www.blog.nationalgeographic.org
88쪽	Joly, Kyle, et al. 'Maximum Total Cumulative Annual Distance Traveled by Different Terrestrial Mammals', www.nature.com; Lorenzo, Irene, 'Migration Marathons: 7 Unbelievable Bird Journeys', www.birdlife.org
90-91쪽	Hadhazy, Adam, '20 Startling Facts About Insects', www.livescience.com; '25 Cool Things About Bugs!', www.natgeokids.com; Durant, Charlie, et al. 'Six Amazing Facts You Need to Know About Ants', www.theconversation.com
92-93쪽	'List of Beetles', www.britannica.com
94-95쪽	Dinosaurs: a Children's Encyclopedia (DK Children, 2019)
96쪽	Pocket Eyewitness: Sharks (DK, 2018)
97쪽	'10 Blue Whale Facts', www.natgeokids.com; 'Amazing Facts About the Blue Whale', www.onekindplanet.org
98-99쪽	'The IUCN Red List of Threatened Species', www.iucnredlist.org; 'WWF Species Directory', www.worldwildlife.org
100-101쪽	Jenner, Greg, '10 Famous People in History and Their Bizarre Pets', www.historyextra.com; 'Lord Byron and the Bears Beneath Cambridge', www.cam.ac.uk
102-103쪽	Stevens, Sidney, '23 Widespread Myths About Animals', www.treehugger.com

Picture Credits

The publisher would like to thank the following for permission to reproduce their photographs and illustrations. While every effort has been made to credit images, the publisher apologizes for any errors or omissions and will be pleased to make any necessary corrections in future editions of the book.

t = top; l = left; r = right; c = centre; b = bottom

p.15 Minden Pictures/Alamy; **p.29t** De Agostini Picture Library/Getty Images; **p.29b** Julius T Csotonyi/Science Photo Library; **p.30** Ryan M. Bolton/Alamy; **p.39** Mikkel Juul Jensen/Science Photo Library; **p.43** AGEphotography/iStockphoto; **pp.44-45** Martin Shields/Science Photo Library; **p.48** James L. Amos/Science Photo Library; **p.50** Universal History Archive/Getty Images; **p.59** cinoby/Getty Images; **p.60** Steve Gschmeissner/Science Photo Library; **p.65** Johan Roux/Alamy; **p.68** seakitten/iStockphoto; **p.71** GlobalP/iStockphoto; **p.74** samopinny/iStockphoto; **p.77** Shawshank61/iStockphoto; **p.84** kuritafsheen/Getty Images; **p.86** Thomas Kaestner; **p.90** Geoff Smith/Alamy; **pp.96-97** indianoceanimagery/iStockphoto; **p.101** Rodrigo Vaz/Getty Images;

지음 **브리태니커 북스**

브리태니커 북스는 엔사이클로피디어 브리태니커와 왓언어스 출판사가 제휴하여 설립한 임프린트입니다. 브리태니커 백과사전은 1768년에 처음 발간되어 2018년 250주년을 맞이했습니다. 담고 있는 지식의 정확도와 방대한 분량으로 세계적 명성을 자랑하는 백과사전으로 굳건히 자리매김하고 있습니다. 《브리태니커 창의력 백과 300》은 아이들의 '창의력' 향상에 중점을 두고 특별히 선정한 300개의 주제를 흥미롭게 담아낸 지식 백과입니다. 여기에 흥미와 상상력을 자극하는 재치 있는 그림을 더해 보다 충만한 지식의 세계로 아이들을 안내합니다.

엮음 **앤드루 페티**

세인트피터스칼리지와 옥스퍼드대학교에서 공부했고, 기자이자 편집자, 작가로 활동하고 있습니다. 영국의 대표적 신문인 〈타임스〉와 〈선데이 타임스〉, 〈데일리 텔레그래프〉에서 문화부장을 지냈고 이 매체에 꾸준히 글을 실어 왔습니다. 엔사이클로피디어 브리태니커와 왓언어스 출판사가 펴낸 책들의 집필에도 참여해 왔습니다. 2021년 가을에는 다양한 도서 축제와 학교에서 〈펀 패밀리 퀴즈(FUN FAMILY QUIZZES)〉라는 시리즈를 주최해 현장 진행과 온라인 방송을 진행하기도 했습니다.

옮김 **김시경**

출판 기획편집자이자 전문 번역가로, 책을 만들고 글을 쓰고 번역 작업을 하며 20년 넘게 책과 함께해 왔습니다. 번역한 책으로는 《오래된 그리스 신화》 《나를 위한 행복한 구속: 다짐》 등 10여 권이 있고, 최근 쓴 책으로 《혼자도 좋지만 심심한 건 싫어》가 있습니다.

브리태니커 창의력 백과 300
✦ 공룡 시대와 동물의 세계 ✦

초판 1쇄 발행 2023년 12월 30일 | **지은이** 브리태니커 북스 | **엮은이** 앤드루 페티 | **옮긴이** 김시경
펴낸곳 보랏빛소 | **펴낸이** 김철원 | **책임편집** 김이슬 | **마케팅·홍보** 이운섭 | **디자인** 김규림
출판신고 2014년 11월 26일 제2015-000327호 | **주소** 서울시 마포구 포은로 81-1 에스빌딩 201호
대표전화·팩시밀리 070-8668-8802 (F)02-323-8803 | **이메일** boracow8800@gmail.com

ISBN 979-11-93010-65-5
　　　979-11-93010-64-8 (74030)

First published in the United Kingdom in 2021
Text © 2021 What on Earth Publishing Ltd. and Britannica, Inc.
Illustrations © 2021 Andrés Lozano
All rights reserved.

KOREAN language edition © 2023 by Borabitso Publishing.
KOREAN language edition arranged with What on Earth Publishing through POP Agency, Korea.

• 이 책의 한국어판 저작권은 팝 에이전시(POP AGENCY)를 통한 저작권사와의 독점 계약으로 보랏빛소가 소유합니다.
• 신 저작권법에 의하여 한국 내에서 보호를 받는 저작물이므로 무단전재와 무단복제를 금합니다.